모든 몸은 평등하다

장애여성들의 몸으로 말하기

모든 몸은 평등하다

초판 1쇄 발행 • 2012년 9월 17일
초판 4쇄 발행 • 2014년 4월 18일

지은이 • 김효진 최해선 강다연 박현희 이호선
펴낸이 • 황규관
편집 • 엄기수 김은경

펴낸곳 • 도서출판 삶창
출판등록 • 2010년 11월 30일 제2010-000168호
주소 • (121-838) 서울시 마포구 서교동 355-22, 우암빌딩 4층
전화 • (02) 848-3097 팩스 • (02) 848-3094
홈페이지 • www.samchang.or.kr

디자인 • 정병규디자인(표지) 권진영(본문)
본문 사진 • 정선아
인쇄처 • 신화프린팅코아퍼레이션 031-905-2727

ISBN 978-89-6655-012-8 03330

장애여성들의 몸으로 말하기

김효진 최해선 강다연
박현희 이호선 지음

삶창

차례

책·을·내·며

변화를 꿈꾸는 우리들의 몸 이야기

장애여성의 몸은 장애와 성별이 교차되는 몸으로서 우리 사회에서 장애남성, 비장애여성의 몸과는 다른 방식으로 차별화된다. 장애여성은 곧잘 무성적(無性的) 존재로 여겨지며, 늘 여성의 몸의 범주에서 제외되고 있다. 이로 인해 장애여성이 자신의 몸에 대해 이야기하는 것은 쉬운 일이 아니며, 매우 조심스럽고 낯설게 느껴진다.

그러나 장애여성의 몸이 기능, 겉모습, 질병들 때문에 '비정상'으로 간주된다고 해서, 장애여성들이 몸에 대한 부정적인 인식과 억압에 순응해 수동적이거나 비관적으로 살지만은 않는다. 장애여성들은 각자의 방식으로 경험을 쌓고 성찰하며 살아가고 있다.

『모든 몸은 평등하다』는 2010년부터 2011년까지 1년간 총 20회에 걸쳐 여성주의 저널 〈일다〉에 연재했던 글을 바탕으로 기획되었다. 인권단체 장애여성네트워크에서 활동하고 있는 장애여성 다섯 명이 함께 썼다. 소아마비, 척수장애, 골형성부전증, 희귀질환 등 장애의 유형도 다르고 30대부터 50대까지 연령층도 광범위하다.

다섯 명의 장애여성들이 몸에 대해 이야기하기 시작한 것은 2009년

장애여성을 주제로 한 사진전을 기획하면서부터였다. 우리는 사진 작업을 통해 자신의 몸에 대해 이야기하면서 '장애여성' 하면 떠오르는 이미지들로부터 자유로워지고 싶었다. 장애여성의 몸은 왜곡, 불균형, 비정상, 결핍된 몸으로 각인되고 불행과 비극의 상징으로 여겨지기도 한다. 비장애인들은 주변에서 평범한 일상을 살아가는 장애여성을 접할 기회가 제한되어 있다. 더군다나 다양한 매체에서는 장애여성에 대한 편견을 담은 시각적 이미지를 제공한다. 그래서 다른 사람의 시선이 아닌 자신의 시선으로 우리의 몸을 사진에 담고 싶었던 것이다.

사진 작업은 우리 자신에 대해 묻는 출발점이 되었다. 나는 '모든 인간은 평등하다'는 명제를 인정하는가, 그렇다면 '모든 몸은 평등하다'는 명제에 대해서는 어떠한가. 사진을 찍는 과정에서 혹은 전시되어 있는 작품 앞에서 불편하고 외면하고 싶은 마음이 들었다면 왜 그러한가. 우리 역시 정상과 비정상이라는 잣대에 갇혀, 지나치게 정형화·이상화된 몸만 몸으로 여기면서 자신을 부정하지는 않았는지 반추해볼 수 있었다. 사진전을 마치고 우리는 그러한 물음들을 차분히 글에 담아내기로 의기투합했다. 그 성찰의 결과물이 바로 여성주의 저널 〈일다〉의 연재 칼럼 '장애여성 몸 이야기' 였다. 〈일다〉는 이 책을 세상에 선보일 수 있도록 산파 역할을 해준 소중한 공간이다.

장애여성들이 자신의 몸에 대해 목소리를 낸 책은 아마도 이 책이 최초가 아닌가 싶다. 우리는 우선 각자 몸의 역사를 쓰는 데서 출발했다. '말하기' 는 내 몸의 역사를 솔직하게 드러내면서 삶을 되돌아보게 했다. 또한 직면하기, 비교하기, 수용하기, 강점 찾기, 표현하기 등 장애여성이 자신의 몸에 반응하고 대처하는 다양한 전략과 긍정해가는 과정을 그려냈다. 그럼으로써 비장애인 중심 사회에서 장애여성의 몸이 어떻게 위계화되고 있는지 드러내는 동시에, 우리의 언어를 통해 장애여성의 삶을 재구성하고자 했다. 특히, 인터뷰 '공감하기' 를 통해 저자들과는 다른 몸과 경험에 대해 이야기하면서 우리 문제를 객관화해 성찰할 수 있었던 것은 좋은 경험이었다. 지면을 빌어 김세라, 주사랑, 장정임 씨 외에도 해외에서 기꺼이 인터뷰에 응해준 일본의 아사카 유호와 프랑스의 프랑소와즈 타흐타항 씨에게 깊이 감사드린다.

아직도 우리 사회는 장애여성에 대한 관심이 거의 없거나 우리의 몸을 지나치게 무겁게 받아들인다. 책 속에 담긴 글과 사진을 통해 장애여성의 몸에 대해 자연스럽게 사유할 수 있기를 바란다. 그럼으로써 장애가 없는 몸과의 차이를 인식할 수 있는 계기가 마련되고, '이상적인 몸', '건강한 몸' 만 강조하는 사회 분위기에서 몸에 대한 차별에서 역시 자유롭지 못한 비장애인들과 함께 '몸' 에 대한 담론을 공유할 수 있는 기회를 만들고 싶다.

우리의 몸 이야기는 차이가 차별이 되지 않으며, 다양성이 존중되고 평등한 세상을 꿈꾸는 작업이었다. 하지만 다른 누구도 대신 꿔줄 수 없는 그 꿈이 마냥 장밋빛이었던 것은 아니다. 이제까지 누구와도 나누지 못하고 버려두었거나 묻어두었던 이야기를 하는 과정에서 마음보다 몸이 먼저 아팠다. 그러나 그 과정에서 우리는 더 이상 혼자가 아니었다. '몸의 기억은 어찌 이렇게 정직하냐' 며 서로 위로할 수 있어 더 이상 외롭지 않았다. 장애여성만의 이야기가 아니라며 공감하고 지지를 보내준 〈일다〉의 편집진과 독자들이 있었다. 그리고 더 많은 독자들과 소통하고 공감할 수 있도록 책으로 만들어준 '삶창' 편집부에 감사한다.

언제쯤 우리들의 몸 이야기가 아프지 않을 수 있을까. 우리의 이야기가 계속된다면 조금은 무뎌질 수 있을까. 아니, 바뀌어야 할 것은 우리 자신만이 아닐 것이다. 세상도 함께 바뀌어야 한다.

2012년 9월

김효진

몸, 말 I_

김
효
진

말 · 하 · 기

내 몸의 불완전한 역사

춤을 욕망하다

"다시 태어나면 뭘 하고 싶어?"

서른 중반 무렵, 그날이 그날인 직장 생활이 무료하고 답답해질 즈음 같은 부서의 팀장이었던 여자 선배가 물었다.

"춤을 추고 싶어요. 이사도라 던컨처럼."

조금의 망설임도 없는 내 대답에 선배는 당황하는 기색이 역력했다.

"아! 춤을 추고 싶어? 왜?"

"자유로워 보여서요. 춤추는 순간만큼은 정말 자유로울 것 같아요."

"그렇구나!"

선배는 알겠다는 듯이 고개를 끄덕였지만, 그녀의 측은한 눈빛으로 보아 왠지 내 뜻이 제대로 전달된 것 같지 않다는 찜찜한 느낌이 들었다. 선배는 '자유' 롭고 싶다는 내 말을 있는 그대로 받아들이지 못하고 본능적으로 '자유' 롭고 싶어하는 이유에 대해 생각이 미쳤던 것 같다. 아마도 '자유' 롭고 싶다는 의지나 갈망보다 '자유' 롭지 못한 내 상황이 그녀에게는 훨씬 크게 와 닿았을지 모르겠다. 겉으로 표현되었다면, '얼마나 구속과 제약이 많으면 저토록 자유를 갈구하게 되었을까?' 정도가 아니었을까. 양쪽 목발을 짚고 걸음도 자연스럽지 못한 내가 춤을 추는 장면을 도저히 상상할 수 없었던 것일까. 그래서 다소 막막하고도 암담한 심정이 곁들여진 복잡한 표정이었던 것일까.

그렇게 내 몸은 다른 조건을 상쇄하고도 남을 만큼 장애라는 두드러진 조건으로 사람들에게 깊이 각인된다. 내가 원하든 원치 않든……. 심지어는 여타 조건들조차 장애에서 파생된 조건으로 잘못 인식되기도 한다. 어릴 적 내 하얀 피부는 장애 때문에 집 안에서만 생활하느라 햇볕을 쐬지 못해 그런 것으로 곧잘 이해되었다. 우리 집 다섯 형제 중 나처럼 하얀 피부를 지닌 아이가 없어서 생긴 오해인데, 사실은 외할머니의 피부를 물려받았다고 보는 쪽이 훨씬 설득력 있을 것이다. 또 보통 사람들보다 현저히 작은 키 역시 장애 때문에 발달이 지연되어 생긴 결과로 설명되곤 했다. 이 역시 형제들 중 나만 유독 키가 작아서 비롯된 터무니없는 억측이다. 하지만 나와 비슷한 장애를 지닌 사람들 중 키가 큰 사람도 상당수 있는 것으로 보아 장애와 키는 별 상관관계가 없다고 보아도 좋을 듯하다.

소아마비 후유증으로 허리 아래가 마비된 나는 양쪽 목발을 사용하며 살아가고 있다. 그리고 보통 사람들에게 자연스러운 걷기, 뛰기, 앉기, 일어나기, 계단 오르내리기, 물건 들기 같은 활동에 상당한 제약이 있다.

먼저, 나는 허리를 꼿꼿하게 펴고 오래 앉아 있지 못한다. 기대지 않고 앉아 있을 때 누군가 가볍게라도 건드리면 쓰러진다. 그런 내 모습을

ⓒ 우지영, 출발

본 사람들은 약한 척하거나 개그 하는 줄 안다. 보조기만 착용한 채 목발 없이 서 있을 때도 나는 몹시 불안정하다. 어딘가 기대지 않은 상태에서 혹여 아이가 달려들기라도 하면 여지없이 넘어진다. 그래서 아이가 어리광을 부리려고 거칠게 다가오는 것 자체가 내겐 공포다.

몸의 조건이 이렇다 보니 내 몸은 앉아서 집중해야 하는 작업이 불가능한 한계를 지녔다. 학창 시절, 수업과 야간자율학습까지 열 시간 이상을 견디려면 초인적인 인내가 필요했다. 비교적 손재주가 있는 데다 집중력도 있다고 여기지만 공예 같은 정교한 작업은 할 수 없는 이유이다. 가령 집안일에서도 마늘 까기 같은 일을 한 뒤에는 반드시 큰 후유증이 따른다. 뒷목이 뻣뻣해지면서 두통이 생기곤 한다. 누군들 그런 티도 안 나는 일을 좋아하랴만, 그래서 난 유난히 집중을 요하는 단순노동을 싫어한다.

다음으로 양손을 동시에 사용하는 것이 불가능하다. 이 역시 허리 기능의 문제 때문에 발생한다. 나는 세수를 할 때 한 손으로 한다. 남들이 보면 고양이 세수한다고 여기기 십상이다. 언젠가 아들 녀석이 한 손으로 세수하는 걸 보고 나무랐더니, "엄마도 이렇게 하잖아?"라고 말해 내 행동을 모방했다는 걸 깨닫고 놀란 적이 있었다. 나도 평상시 내 몸의 기능에 대해 별로 의식하지 않아 무심했던 측면이 있다.

또한 앉았다 일어서는 것이 힘들다. 그래서 바닥보다는 의자를 선호하는 편이며, 잠깐이라면 차라리 서 있는 쪽을 택한다. 그런데 목발을 짚은 내가 서 있으면 옆 사람들이 몹시 불편해한다. 서 있는 게 편하다고 이야기해도 내 몸의 조건을 속속들이 이해하지 못하니 잘 납득하지 못하고 계속 불편해하는 것이다.

이밖에도 손상으로 인한 몸의 한계와 기능상의 제약이 더 있지만 구구절절하게 이야기하기는 어렵다. 굳이 감추어야 할 만큼 제약을 갖고 있는 내 몸을 수치스럽게 여기지는 않지만, 잘 안 되거나 못하는 기능에 대해 평소 그다지 의식하며 살지 않아 설명하기 쉽지 않은 까닭이다. 오히려 이 몸의 조건 그대로 적응하며 살아온 과정이 내게는 소중하며, 존중받아 마땅하다고 여기기에 불완전한 몸의 역사를 풀어내려는 것이다.

몸의 한계에 도전하기

장애를 갖고 산다는 것은 보통 사람들보다 몸의 한계를 아주 많이 갖고 산다는 것을 의미한다. 어쩌면 보통 사람들이 상상할 수 있는 범위를 벗어나기에—집 안에서 보조기를 착용하지 않을 경우 내가 기어서 이동한다는 걸 상상하거나 알고 있는 이는 그리 많지 않을 것이다—장애인과 비장애인 사이에 커다란 강이 하나 놓여 있는 것인지도 모르겠다. 어찌 됐든 몸의 한계에 맞닥뜨리며 살아온 삶의 흔적이 바로 장애여성으로서의 삶이었다고 해도 큰 무리는 없다.

몸의 한계로 인해 맞닥뜨려야 했던 제약 중 가장 굵직한 것은 직업 선택의 제약이었다. 나는 국어국문학을 전공하면서 교직 과목을 이수하고 교사자격증을 땄지만 결국 교직을 포기했다. 고시 수준이라는 순위고사(교사 임용 시험)에 어렵게 합격해도 장애가 있는 내게 교단에 설 수 있는 기회가 주어진다는 건, 낙타가 바늘구멍을 통과하는 것보다 어려운 일이었기에 일찌감치 미련을 버렸다.

사람들과의 관계 맺기에서도 제약이 있었다. 내가 호감이 가는 사람들과 관계 맺기보다는 나에게 맞춰줄 줄 아는 사람들과 관계를 맺는 쪽이었다. 이러한 관계 맺기 방식은 내가 원하던 바는 아니었지만 어린 시절부터 지금까지 대인 관계를 제약하는 요소가 되었다. 중 · 고등학교 때도 그랬다. 나와 가깝게 지내던 친구들은, 주로 같은 동네에 살면서 함께 버스를 타고 등 · 하교를 하는 아이들 중 기꺼이 내 가방을 들어주거나 느린 걸음을 참고 함께 걸어주었던 아이들이었다. 그 친구들에게 늘 무언가 도움을 받거나 폐를 끼치던 내 위치는 평등한 친구 관계를 맺는 데에도 걸림돌로 작용했다. 책을 많이 읽어 정신세계가 꽤 깊어 보이거나 나와는 전혀 다른 세계를 경험해 또래보다 훨씬 성숙해 보이는 아이들과 친해지고 싶었지만 그 아이들을 그저 바라만 볼 뿐 다가가기는 힘들었다. 학교와 집만을 왔다 갔다 하기에도 벅찬 나는 그 아이들과 기껏해야 편지를 주고받는 방법으로 교류할 수 있을 뿐이었다.

대학 시절 남녀 공학에 다녔고, 동아리 활동을 한 것이 그나마 대인 관계의 폭을 넓힐 수 있는 계기가 되었다. 하지만 강의실과 도서관에서 이루어지는 일상적인 학교생활을 유지하기에도 벅찬 내 몸 탓에 수시로 가져야 하는 모임, 엠티, 체육대회 등에서 자주 열외가 되었다. 예나 지금이나 나는 술을 즐길 줄 모른다. 술을 잘 못 마시는 체질인 데다 술 먹고 비틀거리는 모습을 남에게 보이면 '병신 육갑한다' 고 손가락질당할 것 같아 자제하곤 했다. 이래저래 동아리 활동에서 늘 아웃사이더였고 술과도 인연이 멀어 대학에서 이렇다 할 절친한 친구도, 애인도 사귀지 못하고 졸업을 했다.

직장 생활을 할 때도 대인 관계의 폭은 여전했다. 취업 차별의 장벽을 뚫고 입사해, 3년 남짓 근무했던 정부출연 연구기관에서 가장 힘들었던 것은 아이러니하게도 구내식당에서 밥 먹는 일이었다. 구내식당이 으레 그렇듯, 식판에 먹을 만큼 음식을 덜어 먹어야 했지만 내게는 버거운 일이었다. 내가 속한 부서에는 10명 정도의 동료 직원이 있었지만, 누군가가 매일 같은 시간에 함께 식당으로 가주는 건 현실적으로 불가능했다. 점심시간이 다가올 때마다 스트레스였다. 혼자 식당에 내려가게 되는 날에도 다른 부서의 직원들이 도와줘 밥을 먹을 수는 있었지만 내내 마음이 편치 않았다. 잘 모르는 사람의 도움을 받는 것도 모자라 그들과 마주앉아 대화하는 게 불편했다. 결국 도시락을 싸서 다니기 시작했고 부서 내에 도시락파가 하나둘 늘면서 점심시간의 고통이 사라졌다.

그밖에도 몸의 한계로 인한 제약은 무수히 많다. 등산, 수영, 헬스 등의 스포츠는 당연히 나와 거리가 멀다. 요가나 단전호흡, 명상은 가능할 줄 알았는데, 직장 다닐 때 단전호흡을 시도해보았지만 석 달도 하지 못했다. 비장애인에게 맞춰져 있는 수련법 중 내가 따라 할 수 있는 것이 그리 많지 않았다. 무엇보다 가장 힘든 건 옷을 갈아입는 일이었다. 한 시간도 안 되는 수련을 위해 도복으로 갈아입고 수련이 끝나면 다시 평상복으로 갈아입는 과정이 나로선 버거웠다. 내 장애를 이해하지 못하는 사람들은 엄살로 여길 수 있지만, 나는 옷 갈아입는 게 힘들다. 오죽하면 새 옷을 사도 며칠 묵혔다가 입어볼 정도겠는가.

수영도 시도해보았다. 수영 강사가 할 수 있겠느냐며 몇 번이나 물어보더니, 위험하다며 가장 낮은 물에서 왔다 갔다 하는 연습을 하라고 해놓고 한 달 내내 거들떠보지도 않았다. 게다가 익숙하지 않은 공간에서 샤워하는 게 힘들어 집에서 샤워한 후 속에 수영복을 입고 길을 나섰다. 한 달이 채 되지 않아 감기에 걸렸고, 재수강 신청을 하지 않았다. 그래도 내 몸을 남들 앞에 드러내는 시도를 했다는 혼자만의 만족감이 있었다.

이처럼 나는 몸의 한계에 맞닥뜨리면서 도전해보기도 하고 때론 그 한계를 받아들이기도 하며 살아왔다. 춤은 한계 그 자체로 받아들여 어떤 시도도 해보지 않은 것들 중 하나일 수 있다. 하지만 시도해보지 못했다는 결핍감 때문에 춤을 동경하는 건 아니다. 결핍이 있거나 결핍을 느낀다고 해서 반드시 갈망이나 욕구로 이어지는 건 아닐 것이다. 춤을 추지 못한다고 해서 살아가는 데 그다지 큰 걸림돌이 된 적도 없고, 무용가가 되지 못하는 내 몸에 대해 좌절을 느낀 적도 없다. 내 몸의 한계와 상관없이 나는 춤을 욕망한다. 그저 한 인간으로서 지극히 자유롭고 싶다는 욕망의 표현이라고 할 수 있다.

고등학교 2학년 때 우리 반에 춤을 잘 추는 친구가 있었다. 창백한 얼굴에 몸이 비쩍 마른 아이였는데, 춤을 정말 잘 췄을 뿐 아니라 춤추는 걸 참 좋아했다. 중간 키였던 그 아이와 친해지게 된 건, 담임선생님이 키로 매긴 번호순이 아니라 1번과 30번을 맺어주는 방식으로 짝을 배정한 결과였다. 짝이 된 적은 없지만 그 아이는 내 뒷자리 혹은 옆자리에 배정이 되었고, 언제부터인가 전날 밤 음악에 맞춰 자기가 짠 안무라며 내 앞에서 춤을 추기 시작했다. 내가 춤에 대해 잘 알아서가 아니라, 활동 반경이 좁아 교실에서 자리를 지키고 앉아 있던 '죽순이' 였기 때문일 것이다.

그 아이가 춤을 추며 "어때? 괜찮지?" 라고 물으면 난 "응, 좋아!", "정말 잘 춘다!"며 맞장구를 쳐주었던 것 같다. 그러면 그 아이는 기분이 좋아져 더 신나게 춤을 춰 보였다. 처음엔 춤추는 모습을 그저 바라만 보는 것이 어색했다. 하지만 곧 익숙해졌고, 어느 순간부터는 나도 함께 춤을 추는 듯한 느낌까지 들었다. 수학여행 때 기차 안 통로에서 당시 유행했던 〈비너스〉라는 팝송에 맞춰 춤을 추었는데, 내게 처음 보여 주는 거라고 말했다. 물론 나만을 위해 춤추었던 건 아니다. 이미 그 아이의 춤의 경지는 전교에 파다하게 알려져 있었다. 소풍 때 전교생 앞에서 춤을 추면서도 조금도 위축되거나 거리낌이 없던 그 아이는 우리 같은 평범한 사람과는 차원이 다른 딴 세상 사람 같았다. 그 아이는 누구의 시선도 사로잡을 수 있는 마력의 소유자였다.

"넌 춤 잘 춰서 정말 좋겠다! 나도 좀 가르쳐줘!"

친구들이나 선생님들의 말에 그 아이는 별로 개의치 않았다. 나는 사람들의 칭송 앞에서 우쭐해 하거나 거들먹거리지 않는 그 아이가 좋았다. 오직 혼자서 춤 그 자체를 즐길 뿐, 남에게 춤을 배우라고 강요하거나 다른 아이들과 무리 지어 춤을 추는 일도 없었다. 그 아이와 특별히 다른 대화를 나눴던 기억은 없다. 하지만 다른 어떤 친구들보다도 깊이 소통하고 있다는 느낌이 들었던 건 우리 둘 사이에 춤이라는 매개체가 있었기 때문일 것이다. 나는 단지 구경했을 뿐이지만, 내가 춤을 출 수 없다는 데서 오는 결핍감은 없었다. 오히려 나도 같이 춤추고 있다는 착각이 들 정도로 몰입할 수 있었다.

아마도 그 기억에서부터 비롯된 것 같다. 지금, 춤추지 못해 느끼는 결핍감은 별로 없지만 다음 생에서 내게 선택의 여지가 있다면 춤추는 여자가 되고 싶다는 생각을 하게 된 것은…….

대학 졸업 후 몇 년 동안 사회생활을 하다 다리 수술을 받았다. 2차에 걸친 수술 후 어느 정도의 기간이 지나면 양쪽 목발을 버리고 걸을 수 있으리라는 기대가 있었다. 겨우 하나의 목발만 버렸을 때 한 선배가 물었다.

"목발을 모두 버리고 걸을 수 있게 되면 가장 하고 싶은 일이 뭐니?"

"블루스를 추고 싶어요."

준비한 것처럼 그 말이 튀어나왔다. 비웃지 말라는 전제를 걸고 대답해놓고 그만 내가 웃어버렸다. 그 앞에서 여자이고 싶었던 내 속내를 들키고 싶지 않아서였다. 그는 웃지 않았다.

몸의 한계를 넘어

사람들은 결핍과 제약이 많은 불완전한 내 몸을 불쌍하게 여기거나 쓸모없는 몸으로 생각한다. 그러나 나름의 방식으로 보완하며 살아왔고, 앞으로도 그럴 것이다.

우선, 나는 나만의 낙법을 개발해서 대처해왔다. 쉰 살이 넘은 지금까지 수백 번도 더 넘어졌지만, 그래도 큰 부상이 없었던 건 나만의 낙법 때문이었다. 물론 처음부터 가능했던 건 아니었다. 어린 시절 수도 없이 넘어져 무릎이 성할 날이 없었다. 전에 넘어져 생긴 상처가 채 아물기도 전에 또 넘어져 무릎이 깨지기를 수십 번이었다. 그런 시행착오를 거친 후 나만의 낙법을 개발할 수 있었다. 내가 넘어지면 나보다 주변 사람들이 더 놀랐다. 얼마나 아프냐며 일으켜주려고 부축까지 했지만 사실 그리 아프지도 않았고 부축도 필요 없었다. 어른이 되고부터 넘어져도 웬만해서는 부상을 입지 않게 된 데다 누군가가 부축하면 내 몸이 뜻대로 움직여지지 않는다. 내가 아무리 괜찮다고 해도 사람들은 창피해서 사양하는 줄 알고 도움의 손길을 포기하지 않는다. 그래서 전혀 도움이 되지 않는 그들의 손길을 억지 춘향이 되어 받아들이는 위치에 놓일 때마다 곤혹스럽다.

10년 전쯤 만화 그리는 후배 장차현실과 제주도에 갔을 때 일이다. 그녀의 딸과 함께 박물관에 들렀는데, 그만 로비에서 넘어지고 말았다. 대부분의 건물 로비는 목발을 짚은 내게는 위험할 정도로 매우 미끄럽다. 그래서 물기가 있거나 비라도 오는 날에는 여간 조심하지 않으면 안 되는데, 그날 물걸레 청소라도 했는지 물기가 있었고, 어김없이 넘어지고 만 것이었다.

"악!" 비명을 지른 건 내가 아니고 동행했던 장차현실이었다. 그녀와 알게 된 지 얼마 안 되었던 터라 내가 넘어지는 모습을 본 그녀가 경악을 금치 못했던 것이다.

"언니! 괜찮아요? 많이 다쳤어요? 병원 가야 되나?"

그녀의 반응에 주변 사람들이 모두 쳐다보고, 어찌나 창피하던지…….
괜찮다며 아무렇지도 않게 일어나 남은 일정을 소화하려는 내게 적응하지 못하고 계속 내 안부를 챙기던 그녀의 불안한 눈빛이 지금도 생생하다. 그녀 역시 '처절하게' 넘어지던 내 모습을 지금도 기억하며 가끔 이야기할 정도인데, 사실 그리 처절하지도 아프지도 않았다. 하지만 입장 바꿔 생각하면 그녀의 심정도 이해는 간다. 두 다리를 쫙 벌리고 주저앉던 내 모습을 보고 누군들 그렇게 생각하지 않을 수 있을까. 보조기를 착용하게 된 뒤부터 넘어질 때 두 다리를 쫙 벌리게 되었는데, 쇠로 만들어진 무거운 보조기로 인한 부상을 최대한 줄이려는 본능에서 비롯된 자세이다.

또한 나는 손상을 좀 더 심하게 입은 오른쪽 다리 대신 어깨를 많이 사용하면서 몸의 제약을 보완하는 방식으로 일상을 유지해왔다. 앉았다 일어날 때 두 다리로 벌떡 일어설 수 없어 오른쪽 팔로 바닥을 짚고 일어난다. 그때 어깨에 힘이 들어가는 건 당연하다. 오래 앉아 있어야 할 때도 허리가 부실한 나는 어깨에 힘을 줄 수밖에 없다. 그런 이유로 본의 아니게 어깨에 힘주는 여자가 되어버렸다. 때론 거만하거나 도도해 보인다고 하는 내 인상은 어깨에 들어간 힘에서 비롯되었을 가능성이 어느 정도 있다.

사실 스스로도 오른쪽 다리 대신 어깨를 더 많이 사용해왔던 사실을 잘 알지 못했다. 그러다 최근 어깨 부상을 당하고 나서야 허리 아래로 마비된 내 몸을 지탱하기 위해 어깨와 오른쪽 팔이 그동안 참 많은 일을 했다는 것을 깨달을 수 있었다. 2011년 12월, 출근 준비를 하던 중 목욕탕 문 앞에서 미끄러져 넘어졌다. 본능적으로 다치지 않으려고 오른쪽 손으로 거실 바닥을 짚었고, 그로 인해 어깨에 충격이 있었다. 순간 '악!' 하는 비명과 함께 '아야, 아야!' 소리가 저절로 나왔고 눈물조차 나오지 않을 만큼 아팠다. 다행히 골절은 아닌지 운전이 가능해 사무실로 향했다. 그런데 앉았다 일어날 때, 화장실에서 하의를 올릴 때, 칫솔질을 할 때, 요리를 위해 무언가를 저을 때 느껴지는 통증은 시간이 지날수록 점점 더 심해졌다. 급기야 앉았다 일어서면서 너무 아파 눈물이 나오는 상황까지 되니 할 수 있는 게 별로 없었다.

침을 맞으며 통증이 가라앉기를 기다렸다. 통증은 가라앉은 듯싶다가 다시 살아났다. 특히 잠잘 때 도저히 자세가 나오지 않았고, 밤마다 극심한 통증에 시달렸다. 결국 참다 못해 병원에 갔고 정형외과 의사에게서 어깨 힘줄이 손상되었다는 말을 들었다. 평생 과도하게 사용했기 때문에 보통 사람들보다 훨씬 빨리 퇴행이 온 것이라고 했다. 힘줄이나 근육이 아플 때 보통 사람들은 3주 정도면 회복할 수 있다는데, 나는 석 달이나 통증에 시달렸다. 되도록 어깨를 사용하지 말라고 했지만 어깨를 사용하지 않고는 앉았다 일어나는 최소한의 동작도 힘들었다. 목발 사용마저 불가능한 탓에 회복은 점점 더 늦어졌다. 계단을 오르내리거나 장거리 운전을 하고 나면 밤새도록 잠을 잘 수 없을 만큼 쑤시고 아팠다.

그 정도의 부상으로 이토록 오랫동안 고통스러울 수 있다는 게 스스로 납득이 되지 않아 더 혼란스러웠다. 골절도 아니고 힘줄이 완전히 끊어진 것도 아니기에 대수롭지 않게 여기고 되도록 빨리 일상에 복귀하려 들었던 것이 화근이었다. 결국 남들보다 몇 배 고통스러울 수밖에 없는 원인을 스스로 찾아냈다. 20대 후반 다리 수술을 받은 후 의사의 권유로 양쪽 목발 중 한쪽 목발을 버리고, 나머지 한쪽 목발만 짚은 채 여기저기 돌아다녔던 것이 문제였다. 그때 목발을 짚으며 힘을 주어야 했던 곳이 오른쪽 어깨 부분이었다. 한쪽 목발 사용에 익숙해지면 나머지 목발도 버리고 두 다리만으로 걸을 수 있게 될 줄 알았다. 하지만 그 뒤

10년 넘게 한쪽 목발을 사용해왔는데도 두 다리만으로 걸을 수 없었다. 대신 왼쪽 다리와 허리에 무리가 와서 다시 양쪽 목발로 돌아가고 말았는데, 10년이 지난 지금 그 후유증을 겪고 있다. 내 몸에서 가장 기능이 좋았던 부분을 혹사시켰던 결과가 이번에 나타난 것이다. 수술 후에도 기능이 거의 살아나지 않은 오른쪽 다리 대신 강행군을 해온 왼쪽 발목의 연골은 이미 10년 전에 망가져버린 상태이다.

오른쪽 어깨의 기능을 잃는 대신, 나조차도 내 몸에 대해 그동안 잘 모르고 있었다는 깨달음을 얻었다. 정상에서 벗어난 몸, 표준에 못 미치는 몸이라는 이유로 자신조차 내 몸을 등한시해왔던 것이다. 비장애인 기준에 맞춰 내 몸을 혹사시키는 것은 있는 그대로의 내 몸을 긍정하는 것과 거리가 있음을 너무 늦게 알았다. 이제라도 알게 되었으니 지금 모습과 기능 그대로의 내 몸과 친숙해질 수밖에 없다.

다시 양쪽 목발로 돌아갔을 때 수술 후 일정 기간이 지나면 두 다리로 걷게 될 내 모습을 기대했던 가족들과 지인들은 실망이 컸다. 설령 피나는 노력 끝에 양쪽 목발을 버리고 두 다리로 걷게 된다고 해도 비장애인처럼 완벽하게 걸을 수 없을 텐데, 나는 너무 오랫동안 몸이 부서지도록 노력해야 했다. 되도록 정상에 가까워지기를 바라는 주변 사람들의 기대를 채우지 못하고 있다는 부채감에 갇혀 있던 내 몸은 그나마 건강했던 나머지 기능마저 희생한 뒤에야 자유로워졌다. 오랜만에 만나는 지인들은 요즘도 언제 목발 없이 걷게 되느냐고 묻는다. 그러면 나는 목발을 버리기는커녕 곧 휠체어를 타게 될 거라고 말해준다. 대가를 치를 만큼 치렀으니 이젠 오랜 부채감에서 벗어나도 될 것 같다.

몸의 한계를 뛰어넘기 위한 내 세 번째 전략은 운전을 통해 기동력을 보강하는 것이었다. 못 말리는 기계치이지만 운전에 도전해 자가운전을 하게 된 뒤 내 삶은 180도 달라졌다. 활동의 제약으로 매사에 소극적이었던 내게 비로소 도전을 할 수 있는 여지가 생겼다. 그리고 행동반경이 늘어나면서 경험의 폭도 넓어지고 사고도 유연해졌다. 장애인을 불쌍히 여기거나 노골적으로 비하하는 대중의 무차별한 시선에서 벗어나 나만의 공간을 가지게 되었기 때문이다.

더불어 요즘은 목발 보행과 승용차로 해결하기 어려운 기동력을 전동휠체어로 보완하며 지낸다. 대형마트에 갈 때 전동휠체어만 있으면 무거운 짐을 들고 드넓은 매장을 걸어 다녀야 하는 수고로움을 덜 수 있다. 게다가 초등학교 입학 전까지 아이를 데리고 병원에 가거나 어린이집에 데려다 줄 때 전동휠체어가 매우 유용했다. 육아의 어려움을 대폭 줄여주는 데 톡톡히 도움을 준 고마운 전동휠체어. 그것만 있으면 주변 사람들에게 구차하게 손을 내밀지 않고도 웬만한 일상이 해결되었다. 무겁거나 부피가 큰 물건을 드는 게 곤란한 나는 음식물 쓰레기나 재활용 쓰레기를 버리러 나갈 때도 전동휠체어를 이용한다. 경비실에 맡겨둔 택배를 찾아올 때도 마찬가지다. 웬만한 상품도 커다란 상자로 배달되므로 목발을 짚으면 경비실에서 택배를 찾아 들고 걸을 수가 없다. 그러나 전동휠체어에 타면 무릎 위에 놓고 얼마든지 운반할 수 있다.

한 가지 더, 가끔 무언가 급하게 필요할 때 전동휠체어를 타고 후딱 사러 나가기도 한다. 그전까지는 갑자기 양념이 떨어지거나 세탁소에 다녀올 일이 있어도 포기하고 마는 쪽이었다. 예정에 없던 문 밖 출입을

ⓒ 박현희 · 세 여자

하느니 없으면 없는 대로 견디는 편이 나았다. 생활에 필요한 물품들은 매주 한 번 정도 인터넷으로 주문해서 받고 더 필요한 것이 있을 때는 외출에서 돌아오는 길에 해결했다. 한번 집 안에 들어오면 가벼운 출입도 최대한 자제했다. 남들처럼 저녁 식사 준비를 위해 동네 시장이나 슈퍼마켓에 다녀오는 풍경은 우리 집과는 어울리지 않았다.

그런데 전동휠체어를 타고부터는 그것이 가능해졌다. 비 오는 주말에 갑자기 부침개가 먹고 싶다는 아이를 위해 오징어를 사러 동네 슈퍼마켓에 나가는 일이 더 이상 부담스럽지 않았다. 저녁 식사 준비와 설거지를 마치면 아이의 준비물을 사러 나갈 수 있게 되었다. 비 오는 날에도 우산을 들고 문 밖 출입이 가능해졌으니 전동휠체어는 상상 이상의 자유를 가져다주고 있다. 5년 전 뉴욕에 갔을 때 전동휠체어를 타고 의류매장에서 여유 있게 쇼핑하며 처음 느꼈던 해방감을 지금도 잊을 수가 없다. 휠체어 사용자를 위한 탈의실까지 갖추고 있던 그 완벽함이라니……. 나는 쇼핑을 즐기지 않았던 것이 아니라, 쇼핑하면서 겪어야 하는 온갖 환경적 · 인간적 차별이 싫었던 것뿐임을 그제야 알았다.

다른 몸과의 차이

나는 지체장애 3급이다. 반면, 나와 비슷한 장애가 있는 남편은 지체장애 2급이다. 3급과 2급의 차이는 장애인 등록을 할 때, 어떤 의사에게 소견서를 받았는지의 차이에 불과할 뿐이다. 허리에 손상이 없는 남편이 실제로는 나보다 훨씬 경증인데, 그는 2급이라서 중증으로 분류되고 나는 3급이라서 경증 취급을 받는다. 이는 앞으로 장애인 활동보조인

제도가 정착되어가면서, 남편이 현재 1급에게만 지원되는 활동보조 서비스를 받게 될 가능성이 나보다 훨씬 많다는 것을 의미한다. 결국 나는 어떤 사회적 지원도 없이 비장애여성과 마찬가지로 사회 활동과 가사 노동을 감당하느라 몸을 혹사하고 있다.

비슷한 장애를 가졌지만 일하고 돌아온 뒤 집에서 가사 노동과 육아를 담당하는 쪽은 나다. 남편은 내가 한 요리를 먹고 내 손으로 세탁하고 다림질한 옷을 입을 권리가 있다고 믿으며, 양육도 순전히 여자인 나의 몫이라고 생각한다. 생활력 강한 아버지와 전업주부인 어머니 밑에서 자란 남편은 장애가 있는 남자아이였기 때문에 온 가족의 완벽한 지원을 받으며 성장했다. 의존적이고 쓸모없는 존재라는 사회 통념으로 인해 거의 방치되다시피 하는 장애여아들과는 다른 성장 과정을 겪었을 것이다. 그런 이유로 그는 결혼 전과 같이 안락하게 세팅된 가정에서 생활하기를 바란다. 그러나 나는 일하는 장애여성으로서 이미 한계를 갖고 있는 몸이기에 남편의 욕구를 충족시킬 수 없다. 남편은 주말에 대청소를 하는 것으로 가사 분담을 잘해내고 있다고 믿고 있다. 하지만 청소할 때마다 불편한 심기를 드러내는 것으로 보아 그것마저 자기 몫으로 여기기보다는 평소 집안을 깔끔하게 유지하지 못하는 나를 대신해 해주는 것으로 여기고 있다는 의심을 떨치기 어렵다.

저녁 식사를 마치고 아이를 일찍 재우고 나면 나는 고단한 몸을 쉬게 해주기 위해 소파에 비스듬히 기대거나 누워서 책이나 드라마를 본다. 그런 내게 남편은 왜 자세를 똑바로 하지 않느냐며 핀잔을 준다. 처음엔 비슷한 장애가 있으면서도 온종일 긴장되어 있던 허리를 펴주어야만 하는 내 몸의 조건을 이해하지 못하는 남편을 나 역시 이해하기 힘들었다. 하지만 장애인이면서도 비장애인의 기준과 시각에 가까운 그에게 굳이 이해받느니, 그저 나만의 쉬는 방식이라고 생각해달라는 정도로 타협하고 있다.

이렇게 비교적 경증으로 인정되는 내 몸은 이제 더 이상 젊은 몸이 아니다. 하지만 나보다 훨씬 중증인 사람들 속에서 내 몸의 노쇠는 곧잘 잊히곤 한다. 그래서 나는 자주 중증장애인을 돌보는 위치에 놓인다. 예전에 해외연수 프로그램으로 일본에 간 적이 있었다. 10여 명의 연수단을 이끄는 단장이었지만 비행기 안에서 중증장애남성 활동가의 옆자리에 배치되어 그의 식사와 신변 처리를 도와주어야 했다. 나는 그런 상황이 결코 우연이 아니었다고 믿는다. 엠티를 갈 때도 중증인 사람들 속에서 자주 식사 준비나 설거지를 하고, 아이를 동반했을 때조차 내 아이는 뒷전인 채 중증장애인들을 돌보는 역할을 맡을 때가 있다. 덕분에 내 아이는 엄마에게 별 기대하지 않고 자신에게 필요한 지원을 해줄 수 있는 다른 이모들을 스스로 찾아내는 능력을 키우게 되었다.

한편, 나는 결혼한 장애여성으로서 아이까지 낳아 양육하고 있는 몸이다. 어릴 적부터 결혼할 수 없는 몸, 아이를 낳을 수 없는 몸으로 취급당해왔던 내게 결혼은 장애여성을 무성으로 취급하는 사회에 대한 일종의 도전이었다. 그리고 대가는 예외없이 혹독했다. 비교적 경증장애인인 내게도 육아는 힘겨운 노동이었다. 하지만 그런 어려움에 대해 토로할 데가 없었다.

먼저, 장애가 없는 가족과 친지들에게는 무책임한 투정으로 들렸다.

누구도 내게 아이를 낳으라고 강요한 적은 없었다. 또 그렇게 원하던 아이였으니 딴소리하지 말라는 암묵적인 분위기로 인해 입도 뻥긋하기 힘들었다. 잘못하면 키울 능력도 없으면서 아이는 왜 낳아서 힘들다고 하느냐는 비난으로 되돌아오기 십상이었다. 한 페미니스트 잡지에 육아일기를 연재했을 때 지인으로부터 남들도 다 아이를 키우는데 지나치게 고통을 과장하는 게 아니냐는 지적을 받은 적도 있다.

반대로 비혼인 장애여성들에게는 내 절실함이 배부른 소리로 읽히기도 한다. 장애여성의 결혼률이 지극히 낮은 현실에서, 누구는 결혼도 못했는데 결혼해서 예쁜 아기까지 낳았으니 더 이상 푸념하지 말라는 것이다. 그녀들에게는 나의 힘들다는 소리가 '아이 엄마로 행복하게 살고 있다' 는 자랑으로 들린다. 그런 상황에서는 남편과 싸운 이야기, 시어머니 흉조차 있는 그대로 전달되기 어려우므로 입을 닫아야만 한다. 출산과 육아 경험이 있는 장애여성일지라도 제 손으로 아기를 키우지 않고 대리 양육자가 있었던 경우에도 역시 내 어려움에 공감하지 못하는 것 같다. 우리 안에서도 얼마나 다양한 차이가 존재하는지……. 몸의 조건과 차이로 인해 빚어지는 이러한 위계로부터 자유로워지기 위해서 나는 부단히 소통하며 공감하고 있다.

감 · 추 · 기

감추고 싶었으나 감출 수 없는 몸

감출 수 있다면 감추고 싶었다. 또래들보다 키가 작아 늘 반에서 1번이었는데도 이미 초등학교 5학년 무렵부터 젖가슴이 나오기 시작했다. "너 가슴 나왔구나! 브래지어 해야겠다!" 언니들의 말을 들을 때마다 쥐구멍에라도 들어가고 싶었다. 여자가 되는 것은 부끄러운 일일 뿐만 아니라 피할 수 있다면 피하고 싶은 일이었다. 목욕탕에 가는 게 제일 싫었다. 여자가 되어가고 있는 몸과 대면해야 하는 것도 그렇지만, 또래 친구들이나 아는 사람들을 만나는 게 곤혹스러웠다. 또래 친구들은 이미 엄마와 동행하지 않고도 저희들끼리 삼삼오오 어울려 목욕탕을 찾곤 했다. 아이들은 서로의 몸을 비교하기도 하고 이성에 대한 관심도 표현하며 목욕탕을 거의 놀이터처럼 여기는 듯했다. 그런데 내가 들어가면 아이들의 수다가 딱 멈췄다. 어른들은 딱히 무어라 표현하진 않았지만 신기한 듯, 딱한 듯 내 몸을 쳐다보았다. 사람들에게 나는 영원히 자라지 않는 어린아이였다. 나 역시 그럴 수 있다면 영원히 어린아이로 남고 싶었다. 내게는 여자가 된다는 것이 축복이 아니라, 피할 수만 있다면 피해야 하는 어떤 것이었다.

어린아이와도 같은 몸

엄마 역시 여자가 되어가는 나의 몸을 받아들일 준비가 안 되어 있었다. 걱정스런 눈으로 쳐다보며 "너도 브래지어 할 때가 되었나 보다" 하며 한숨지을 뿐이었다. 간혹 엄마가 친구들과 대화하면서 "가슴이 나오기 시작해 걱정"이라고 이야기하는 소리가 내게도 들려왔다. "참, 큰일이다! 브래지어 사주랴!" 하고 물을 때가 가장 곤혹스러웠다. 엄마는 분명 허둥대고 있었다. 그런 엄마로 인해 닥치지 말아야 할 사건이 찾아온 것 같은 불안하고 위험스럽기까지 한 분위기에서 내가 선택할 수 있는 여지는 없었다.

내 입에서는 당연히 "싫다"는 답이 나오거나 강하게 좌우로 고개를 저어 보이는 소극적인 표현을 할 수밖에 없었다. 사실 브래지어를 해서 가슴을 강조하기가 죽기보다 싫었다. 브래지어를 하지 않는다고 해서 커지고 있는 가슴이 가려질 리 없었지만 되도록 펑퍼짐한 옷이나 두터운 옷을 골라 입으며 최대한 감추고 다녔다. 하지만 목발을 짚으면 목발이 겨드랑이를 압박해 윗옷이 늘 들릴 수밖에 없어 가슴은 오히려 더 강조되었다. 나는 걸을 때마다 사람들의 시선을 받게 될까 봐 항상 조마조마했다.

엄마가 한참 동안 브래지어를 사주지 않았던 것은 분명 내 의사를 존중해서는 아니었을 것이다. 엄마는 분명 나를 언니들과 다르게 대했다. 급기야 큰언니가 언제까지 방치할 거냐며 다그쳤고, 엄마는 큰언니에게 내 브래지어를 사다 주라고 돈을 주었다.

초경을 했을 때도 엄마는 "빨리 시작했구나. 한 달에 한 번 이런 일을 감당해야 하다니……” 하며 긴 한숨을 내쉬었다. 그 뒤, 생리를 할 때마다 여자가 되고 엄마가 될 수 있는 가능성을 꿈꾸기보다는 매번 아무짝에도 쓸모없는 귀찮은 손님을 치른다는 느낌이었다. 그래서 하루라도 빨리 귀찮은 일이 끝나기만을 기다렸다. 남들이 알면 '주제에 여자라고 생리까지 한다' 고 할 것 같아 창피해서, 생리할 때마다 식구들이나 주변 사람들이 알까 봐 조바심쳤다. 30~40년 전엔 면 생리대밖에 없었다. 그걸 주위 사람들 눈에 띄지 않도록 숨겨서 가지고 다니거나 세탁하기는 쉽지 않았다. 일회용 생리대가 나왔을 때도 약국에 들어가 생리대를 살 용기가 없어 약국 문 앞을 서성이곤 했다. 불안과 초조, 긴장의 나날들이 지나면 날아갈 것처럼 마음이 가벼워졌다. 중 · 고등학교 때 비장애 친구들 집에 놀러 갔을 때였다. 그 친구들이 생리대를 화장대 수납장에 보관해놓고 꺼내 쓰는 걸 알고 놀랐다. '나만 생리하는 것을 부끄러워했나 보다' 하는 생각 때문이었다.

하지만 장애가 있는 여성들은 대개 비슷한 경험을 하는 듯하다. 지체장애로 휠체어를 사용하고 있는 한 50대 장애여성은 아버지 혹은 오빠처럼 나이 많은 남자 어른이 아니라 20대 조카들과 함께 살고 있다. 그럼에도 집 안에서 속옷 차림의 모습을 가족들에게 보인 적이 없다고 했다. 나 역시 결혼 전 부모님, 형제들과 함께 살 땐 목욕 후 김이 잔뜩 서린 욕실 안에서 축축해진 옷을 껴입고 나오느라 낑낑댔다. 여성의 몸을 아무에게나—가족일지라도, 특히 가족 구성원 중 남성인 아버지나 남동생 앞에서—함부로 노출해선 안 된다는 엄마의 엄격한 교육 탓도 있었지만, 다른 형제들과는 확실히 다른 내 몸을 누구에게도 보여주고 싶지 않았다. 마흔이 될 무렵 독립해서 살게 되었을 때, 목욕 후 누구의 시선도 의식하지 않아도 되었을 때의 그 짜릿한 해방감은 아마도 내 어린 시절 몸을 억압했던 경험에서 비롯됐을 것이다.

감추어야 하는 몸과 노출이 자연스러운 몸

하지만 어떤 두터운 옷으로도 감추기 어려운 몸의 조건을 가진 사람도 있다. 뇌성마비 장애를 가지고 있으며 한 장애인 단체에서 활동하고 있는 20대 장애여성 '별똥별'은 오른손으로 뒷짐 지는 자세를 유지하곤 한다. 장애로 인해 심하게 흔들리곤 하는 오른손을 감추기 위한 것이라고 한다.

"어릴 적 아버지가 팔뚝에 막대기를 대고 허리에 묶었어요. 지금도 오른손이 올라가면 부끄럽고 위축이 돼요. 그래서인지 사진을 찍을 때 아직도 오른손을 뒤에다 놓거나 왼손으로 오른팔을 잡곤 해요."

나는 아직도 민소매 옷을 입고 집 밖에 나가지 못한다. 내 어깨와 팔은 오랜 세월 목발 사용으로 단련되어 운동선수처럼 단단해져, 가녀리고 얇아서 보기만 해도 감싸주고 싶은 다른 여자들과는 거리가 있다. 그런 어깨와 팔로 민소매를 입고 길을 나섰을 경우 쏟아지는 시선을 감당할 자신이 도저히 없다. 외국에 나가 보면 누구도 남의 옷차림이나 몸매에 대해 신경 쓰지 않는 듯한데, 한국에서만큼은 아직도 남의 시선이 부담스러운 것이 내가 유독 예민해서인지는 잘 모르겠다.

거리를 걷다 보면 굉장히 뚱뚱한데 브래지어도 하지 않고 뱃살이 그대로 드러나는 민소매를 입은 채 아무렇지도 않게 거리를 활보하는 서

양 여성의 모습이 눈에 띄곤 한다. 그런데 그 모습을 바라보는 나는 수치심으로 인해 시선을 어디에 둬야 할지 몰라 허둥댄다. 그러면서도 잘 빠진 몸매를 가진 여자가 자신의 몸을 드러내는 과감한 패션을 연출하는 건 당연하다고 생각한다. 비장애여성들도 비슷한 생각을 가질 수 있다. 그러나 나의 경우 정상 혹은 아름다움의 기준에 미치지 못하는 몸을 가졌다는 이유로, 어떤 몸은 아름답고 어떤 몸은 아름답지 않다는 잣대에 심하게 갇혀 살았기 때문에 유독 민감한 것 같다. 어떤 몸은 타인의 시선을 배려해 감추어야 하고, 어떤 몸은 드러낼수록 좋다는 이분법에 아직도 갇혀 있는 내가 징그럽다.

다·름·을·이·해·하·기

낯선 몸을 두려워하지 말라

서 있는 휠체어 장애여성

장애여성네트워크 활동가 중에는 중도장애로, 휠체어를 이용하는 장애여성이 있다. 그녀는 스물세 살 때 사고로 척수장애를 갖게 되었다. 척수장애는 주로 질병이나 사고로 척수 손상을 입어, 뇌와 신체 사이에 운동신경이나 감각신경이 제대로 전달되지 못해 후천적으로 신체적인 기능에 장애를 갖게 된 것을 말한다.

사고 이후 몇 년이 지났고, 3년 전부터 직장 생활을 다시 시작하면서 전동스쿠터를 타고 출근해 사무실에서는 수동휠체어로 갈아타고 일을 한다. 잠잘 때를 제외하고는 거의 모든 시간을 휠체어에 앉아 생활하는 그녀는 내게 영락없는 중증장애인으로 각인되어 있다.

그런데 어느 날 아침 사무실 자기 자리에서 팩스를 보내고 있는 그녀의 모습을 보고 나도 모르게 "깜짝이야! 왜 갑자기 서서 그래?"라는 말이 튀어나왔다. 일할 때나 밥 먹을 때는 물론이요, 이동할 때도 늘 휠체어에 앉아 있는 그녀가 서서 팩스를 보내고 있는 모습이 낯선 나머지 아주 잠깐이긴 하지만 혼란스러웠다. 과장되게 표현하자면 귀신에게 홀린 느낌이랄까. 2년째 함께 일하면서 자주는 아니지만 그동안 여러 차례 서 있는 모습을 볼 기회가 있었는데도, 충격과 혼란은 여전하니 이제는 그녀에게 미안해질 지경이다.

척수장애인은 손상 부위에 따라 사지 완전마비에서 하지의 부분 마비 등 장애 정도가 다양하게 나타난다. 즉, 척수의 어느 부위가 손상되었는지에 따라 목 이하가 마비되는 중증장애로 이어지기도 하고 걸어 다닐 수 있는 장애를 갖기도 하는 것이다.

그 활동가의 경우, 사고 이후 걸을 수 있을 정도로 비교적 경증장애를 갖고 있다. 다만 넘어질 위험성 등을 고려해 휠체어를 이용한다는 걸 인지하고 있었다. 그러나 순간적으로 내가 알고 있던 그녀의 장애에 대한 지식은 전혀 작동되지 않고 상대방에 대한 정보 체계에 혼란을 느꼈다.

사실 어떤 사람이 살아온 역사와 배경, 현재의 생각과 행동 등의 갖가지 정보를 수집하고 나서 타인의 존재를 받아들이는 경우는 그리 흔하지 않다. 첫인상 혹은 첫 느낌 등이 먼저 접수되는 경우가 보통이다. 나 역시 그렇다. 집 안에서나 일터에서나 매일같이 장애인과 생활하고 있는 내가 이 정도이니 비장애인은 오죽하랴 싶다.

때론 공포의 대상인 몸

장애여성네트워크에서 2009년 10월 14일~19일까지 장애여성의 몸을 주제로 '장애여성 이야기가 있는 사진전—몸으로 말하기' 전시회를 열었다. 장애여성의 일상적인 몸을 사진에 담아 장애여성의 경험과 차이를 보여주어 장애여성의 삶을 긍정하려는 시도였다. 이 사진전에서는

'앨리슨 래퍼, 행동하는 비너스' 와 '킴 푹 스토리' 영상 전시와 함께 소수자적 관점에서 작품 활동을 하고 있는 정선아, 이남희, 황태원 3명의 작가 외에도 장애여성의 일상을 주제로 한 당사자들의 작품, 총 서른아홉 점이 전시되었다.

전시회 작품 중에 〈스튜디오〉라는 제목의 작품이 있었다. 사진전을 주최했던 우리들은 이 작품에 '방송국 작가로 일하고 있는 장애여성의 일터에서의 자연스런 일상' 을 담으려고 했다. 의족을 하거나 긴 바지로 절단된 부위를 감추지 않고 한쪽 다리만 드러낸 채 짧은 스커트를 입고 있는 그녀의 모습은 우리들이 원하던 결과물 바로 그 자체였다.

하지만 그 작품을 보고 자신의 몸을 있는 그대로 긍정하는 자연스러움을 느낀 것이 아니라 '너무 무서웠다' 는 의외의 반응을 보인 비장애여성이 있었다. 그녀는 휠체어를 이용하는 지체장애여성의 활동보조인으로, 예순이 넘은 분이었다.

사진을 통해 '장애여성은 의존적이거나 무기력하다' 는 사회 통념과는 달리, 실제로는 경제활동에 적극적으로 참여하고 있는 장애여성이 꽤 많고, 참여하고 싶은 의지도 강하다는 메시지를 전달하고자 했던 우리로서는 적잖이 당황스런 반응이었다.

더구나 자세히 들여다보지 않으면 절단장애가 눈에 잘 들어오지도 않을 정도로 보통의 직장 여성과 다를 바 없는 사진을 보고 왜 무서움을 느꼈을까, 한참 열띤 토론이 이어졌다. 물론 무서웠다는 느낌을 표현한 당사자와 깊이 있는 대화를 나누어봐야 알 일이겠지만 우리로서는 익숙하지 않은 모습이라는 것 외에 달리 해석할 길이 없었다.

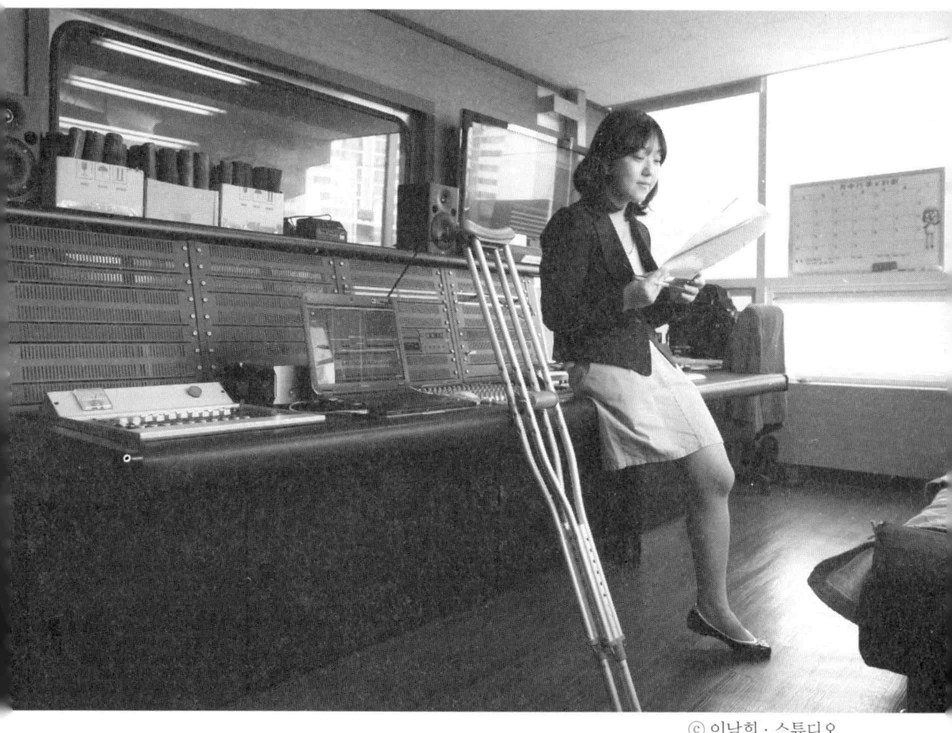

ⓒ 이남희 · 스튜디오

전시 작품 중에서 가장 의외의 반응이 나왔던 사진은 시각장애여성이 뜨개질하는 장면을 담은 작품이었다. 자신이 직접 뜬 스웨터를 입고 의자에 다소곳이 앉아 뜨개질하는 장애여성의 사진을 보고 대부분의 관객들은 그녀의 장애를 짐작하지 못했다. 전시회를 앞두고 사진으로 소통하는 데 오히려 방해가 될 수 있다는 생각에서 구구절절이 작품 설명을 달지 않았던 까닭이다.

그런데 장애인과 비장애인 사이의 간극은 예상보다 훨씬 컸다. 스태프가 시각장애가 있는 여성의 사진임을 알려주었을 때 관객들 대부분은 충격을 받은 것 같았다. 우선은 시각장애인이 뜨개질을 할 수 있다고는 상상조차 하지 못한 데서 오는 충격이 가장 컸으리라. 그리고 시각장애인인 줄은 몰랐는데, 왠지 사진 속 인물의 표정이며 분위기에서 무서운 느낌이 들었다는 고백도 있었다. 장애가 있는 몸은 그렇게 친근하고 익숙하기보다 낯설고 이질적이고 때로는 공포스럽게 받아들여지곤 한다.

우리 안의 다름

대부분의 사람은 장애를 경험이 아니라 이미지로 받아들이는 경향이 있다. 장애인을 사회 참여에서 배제하는 환경으로 인해 학교에서나 직장에서나 장애인과 가까이할 기회가 제한되어 있기 때문이다. 물론 그 이미지는 실제일 수도 있고 매체에 의해 한 번 걸러진 이미지일 수도 있을 것이다.

단 한 번, 한순간에 접한 그러한 이미지들은 실제이든 만들어진 것이든 간에 진짜 혹은 전부가 아닐 가능성이 높다. 하지만 매우 낯설고 때

ⓒ 임현주 · 뜨개질

론 충격적이기 때문에 상당히 강렬하게 사람들의 뇌리에 박히게 마련이다. 장애가 있는 나 역시 예외가 아니어서 나와 다른 장애가 있는 몸에 대해 거의 피상적으로만 이해하고 마치 다 알고 있는 듯 착각하고 있다가 한 번씩 뒤통수를 얻어맞는 경험을 하고 있는 것이다.

장애인이 장애가 있다는 이유로 격리 또는 분리되지 않고 비장애인과 장애인, 장애인 중에서도 서로 다른 장애를 가진 사람들이 서로 섞여 살며 서로에 대해 깊숙이 알아갈 때 장애가 있는 우리들의 몸이 더 이상 낯설지 않게 될 것이다. 그래서 장애인들은 한결같이 통합교육을 원하고 있다. 장애인들끼리 공부하는 특수학교의 장점도 있음을 부정하긴 어렵지만, 어릴 적부터 장애 아이들과 비장애 아이들이 자연스럽게 어울릴 수 있어야 서로를 이해할 수 있게 된다. 학교 다닐 때 같은 반에 청각장애 친구가 있어 친하게 지내면서 장애가 친근하게 느껴진다거나, 오랫동안 장애인과 함께 지내다 보니 그 사람의 장애가 별로 의식되지 않는다는 사례는 얼마든지 있다.

물론 이 말은 장애가 별로 의식되지 않는다고 해서 장애인을 비장애인으로 봐주는 것이 올바르다는 뜻은 아니다. 한 사람의 부분일 뿐 전체가 아닌 '장애'라는 몸의 조건을 있는 그대로 이해하기 위해서는 앞으로도 많은 노력이 필요할 것 같다. 여러 유형의 장애여성들과 접촉할 기회가 많다는 점에서, 내가 수많은 다름을 이해하기 매우 좋은 조건에 있다는 것은 그나마 다행이다.

공·감·하·기

나는 내 몸이 장하다

일본 쿠니다찌자립생활센터 소장 **아사카 유호**를 만나다

일본의 장애여성 운동가 아사카 유호가 한국에 왔다. 그녀는 골형성부전증 장애를 갖고 있는 여성이다. 1983년 미국 버클리 자립생활센터에서 연수를 받고 '동료상담'을 일본 사회에 소개한 사람으로, 한국의 장애인들과 '동료상담'에 대해 논의하기 위해 방한했다. 동료상담은 장애인이 품고 있는 문제의 절실함과 어려움에 대해 가장 잘 이해하고 있는 동료 장애인이 대등한 관계에서 진행하는 상담을 말한다.

여성으로서 운동가로서 내 역할 모델이기도 한 유호와의 첫 번째 인터뷰는, 그녀가 공식 일정을 마치고 귀국을 몇 시간 앞둔 2010년 4월에 이루어졌다. 이어, 두 번째 인터뷰는 2개월여 만인 6월에 있었다. 그녀가 살고 있는 일본 도쿄에서 일본 연수에 참가한 한국의 장애여성 12명과 함께였다. 우리는 숙소에 여장을 풀자마자 제일 큰 방에 모여 첫 번째 인터뷰 이후 몸살이 나도록 궁금했던 연애와 결혼 이야기를 들었다.

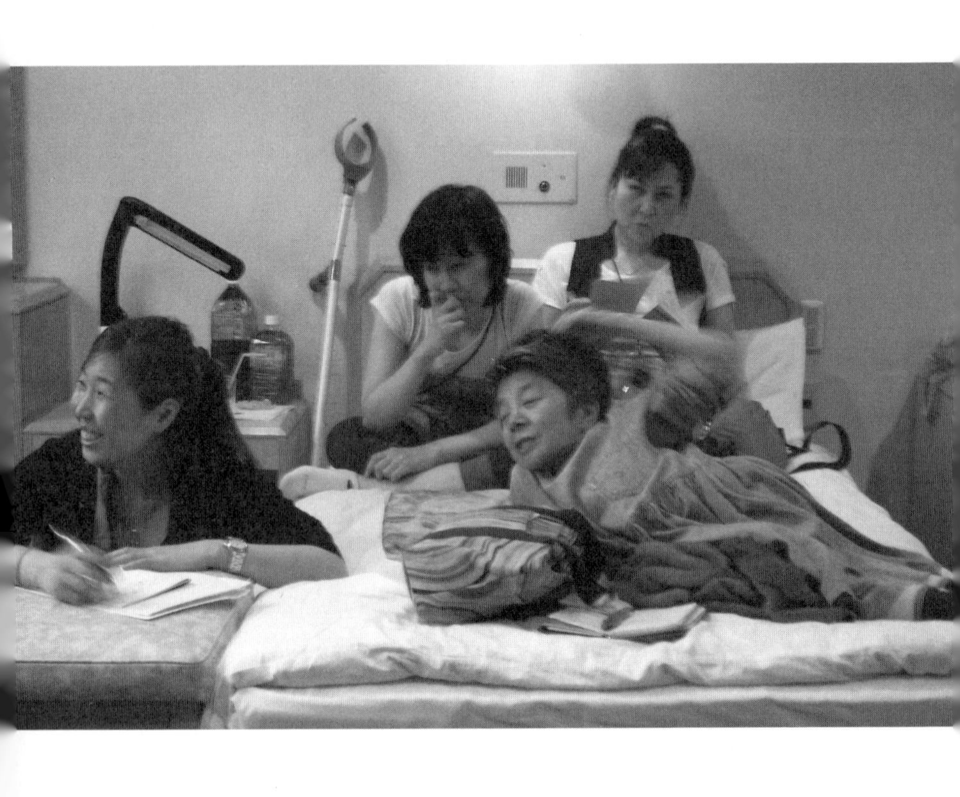

“열세 살 때 자살에 성공하지 못해 기뻐요”

골형성부전증은 뼈가 길게는 자라지만 굵어지지 못하는 병으로, 쉽게 골절을 일으키며 그로 인해 장애를 안고 살아가게 되는 것이 특징이다. 그녀가 외부의 시선 때문에 자신의 몸에 대해 처음으로 인식하기 시작한 것은 다른 지체장애여성들과 크게 다르지 않았다. 하지만 어린 시절 받은 스무 번 정도의 수술과 장애인 시설에서의 생활은 자신의 몸에 대해 특히 민감하게 반응하도록 만든 경험이었다.

“늘 어딘가 모자란 존재 취급을 받으며, 내 목숨이 환영받지 못하고 부정당한 것은 몸 때문이었어요. 굉장히 오랜 시간 이를 어떻게 볼 것인가 생각했죠. 그것은 도전이자 싸움이었어요.”

장애가 있다는 이유로 세상으로부터 따가운 시선을 받았던 것은, 장애아 출산을 막겠다며 장애인의 임신중절수술을 허용한 일본의 ‘우생보호법’(1996년에 폐지되고 모체보호법 제정) 때문이었다. 장애인은 학교에도 갈 수 없는 환경 때문에, 유호는 열세 살 무렵 몇 차례나 자살을 기도했다.

“지금 생각해보면 자살에 성공하지 못해서 참 기뻐요.”

나도 모르게 “정말 축하해요!”라는 말이 튀어나왔다. 만일 자살에 성공했다면 그녀의 빛나는 얼굴과 미소를 볼 수 없었을 테니 얼마나 다행인가 하는 생각에 절로 안도의 한숨이 나왔다.

"열세 살 어린 나이였기 때문에 누구보다 살고 싶었을지도 몰라요. 칼로 손목을 그으면서 도저히 깊게 그을 수가 없더군요. 내 몸이 '아파!' 하고 소리쳤기 때문이죠. 가스를 틀어놓고 자살하려고 했을 때는 냄새가 너무 심해 중단했어요. 몸이 반응한 것이었어요. 몸은 참으로 현명합니다."

자신의 생명을 완전히 부정한 후에 몸은 참으로 현명하다는 소중한 깨달음을 얻은 유호. 그녀가 그러한 깨달음에 도달하기까지 얼마나 혹독한 세월을 보냈을지 어느 정도 짐작이 되었다.

의사들의 폭력, 우생보호법의 폭력

"어렸을 때는 수술을 스무 번이나 하고 주사도 많이 맞으면서 꼼짝없이 의사의 결정에 따를 수밖에 없었어요. 시설에서도 줄곧 사회복지사, 의사들의 폭력을 견뎌야 했지요. 한번은 웅변대회에 나가게 되어 '사회복지는 필요 없다, 중증장애인은 의학의 대상일 뿐이다'라는 내용으로 발표하려 했더니 대회에 못 나가게 했어요. 또 엑스레이를 자주 찍어 방사능에 많이 노출되어야 했고요. 채혈을 많이 하는 것도 싫었어요. 왜 채혈을 하느냐고 물었더니, 연구논문용이라며 그냥 잠자코 있으라고 하더군요. 그래서 입을 다물 수밖에 없었어요. 혼자서 많이 울었지요. 스물다섯 살이 될 때까지 사람이 누군가를 죽여도 죄가 안 된다면 의사 세명을 죽이고 싶다고 생각할 만큼 의사들이 미웠어요. 꿈을 꿔도 그 의사들과 싸우는 꿈이었고요."

자신을 억압해야만 했던 20년 세월을 겪은 후 유호는 장애해방운동에 뛰어들었다. 관공서에 찾아가 큰 목소리로 소리치기도 하고 싸움도 많이 했다. 마구 소리를 지르면서 어릴 적 자신을 실험 대상으로 삼았던 의사들에게 하고 싶은 말을 마음껏 했다고 한다.

유호는 20대를 '어떻게 하면 우생보호법을 없앨 수 있을까' 생각하며 보냈다. 당시 일본에서 장애가 있는 사람은 불임 시술, 임신중절을 강요당하는 실정이었다. 법률이 개인의 선택을 짓밟았던 것이다. '장애는 올바르지 않다'는 생각이 지배적인 사회 분위기 속에서 유호가 장애해방운동에 뛰어든 건 자연스런 과정이었는지도 모르겠다.

뇌성마비 남성들이 대부분이었던 장애해방운동에서, 뼈가 잘 부러지는 병을 갖고 있던 유호의 몸의 조건은 매우 불리했다. 뇌성마비 남성들은 항상 몸으로 대항했다. 경찰이 오면 동료들이 제일 먼저 그녀를 도망치게 배려해주었지만, 그들은 상대적으로 강했기 때문에 아무리 배려해줘도 그녀로서는 무리일 수밖에 없었다.

자궁이 없는 장애여성

1994년 카이로에서 열린 인구개발국제회의에서 유호는 가장 큰 목소리로 자신의 이야기를 할 수 있는 기회를 얻었다. 유호는 일본의 우생보호법에 대해 발언하면서 커다란 반향을 일으켰다. 전 세계에서 모인

2000명의 사람들 중 휠체어를 탄 사람은 그녀를 포함해 아랍계 여성 단 둘뿐이었기에 관심이 더욱 집중됐다.

그리고 다음 날 한 신문에 "자궁이 없는 장애여성"이라고 대서특필되는 웃지 못할 일도 벌어졌다. 2년 뒤인 1996년에 자신과 같은 장애를 가진 우미라는 예쁜 딸을 출산한 유호인데, 그녀가 자궁이 없는 장애여성이라니! 실제 그녀는 자궁을 적출당한 당사자는 아니었다. 하지만 가까운 친구들 몇 명이 자궁 적출을 당하거나 방사능에 노출됐기 때문에, 그것은 남의 일이 아니었다. 장애여성이라는 이유로 여성으로서의 가능성을 차단당해야 했던 친구들을 대변해 그녀가 전 세계인이 모인 자리에서 목소리를 높였던 것이다. 그녀의 발언은 2년 뒤 일본 우생보호법에서 불임 시술 관련 내용을 삭제하는 데 영향을 미칠 수 있었다.

"한 친구의 엄마는 죽기 전에 친구에게 자신이 죽고 나면 자궁 적출 수술을 하라는 유언을 남겼어요. 아버지와 오빠만 있는 가정에서 생리 처리를 해줄 가족이 없을 것을 염려해서였죠. 그리고 엄마가 죽은 뒤 열흘 후에 자궁 적출 수술을 받았고요. 그래도 그녀는 지금 지역에서 잘 살고 있어서 다행입니다. 다른 두 친구는 시설에서 직원이 수술을 권한 경우인데, 10대 때 수술을 하고 나니 여성호르몬 분비에 문제가 생겨 목소리도 걸걸해지고 남자 같은 모습으로 변해갔어요. 게다가 우울증도 심하고 갱년기도 빨리 와 고생하고 있어요. 그 친구들 중 하나는 수술할 당시 자궁을 적출하고 나면 아기를 낳지 못하는 줄 몰랐다고 해요."

자신이 겪은 일을 적극적으로 주변에 알린 친구도 있었다. 방사능에 많이 노출되어 자궁이 망가지고 두통에 시달리고 있었지만, 의사들은 연관성을 계속 부정했다. 친구는 이 경험을 담아 〈우리가 당한 것들을 잊어버리기 싫어〉라는 제목의 15분짜리 비디오 필름을 만들어 배포했다.

한국에서도 10년 전쯤 시설에서 살고 있는 장애인이 강제 불임 시술을 당해 사회문제로 등장한 적이 있다. 그 이후로 장애인의 재생산 권리에 대한 사회의 인식이 얼마나 달라졌는지는 의문이다.

유호처럼 사회로부터 차별과 억압을 받으며 자신의 몸을 망가뜨리거나 부정당한 장애여성들은 여러 가지 방식으로 폭력에 대응하며 살아가고 있다. 한국에서도, 일본에서도 장애여성은 폭압적인 사회를 견디며 대응하고 있고, 세상이 조금씩이라도 변화하기를 간절히 염원하며 우리 자신의 목소리를 내고 있다.

'뭐든 할 수 있을 것' 같았던 첫 번째 연애

"미국에서 돌아온 뒤 뭐든지 할 수 있을 것 같았어요. 어차피 인생은 한 번뿐이니 결혼도 하고 싶어졌고요. 마침 6개월이 되었을 무렵 오토바이를 탄 멋진 남자가 결혼하자고 해 함께 도망쳤지요. 가족들의 반대와 차별이 심해서 호적에 절대 올릴 수 없다고 했어요. 심지어 그의 가족으로부터 죽이겠다는 협박까지 들었어요. 실제 뺑소니 사고를 당해 3개월 정도 입원했었죠. 물론 남자 가족이 했다는 증거는 없지만. 남자의 형님이 계속 제게 협박하는 것도 모자라 제 부모도 협박했어요. 결국 반 년 만에 헤어졌죠."

헤어진 뒤 너무 힘들어 술로 지탱해야 했다. 평생 먹을 술을 그때 다 먹은 것 같아 이제는 술을 먹지 않는다며 유호가 호탕하게 웃었다. 그때의 충격 때문에 지금 남편과 결혼식은 했지만 혼인신고는 하지 않았다. 그래서 유호 부부는 별성을 쓰고 있다. 일본에서는 결혼하면 부부가 같은 성을 쓰도록 민법에 규정하고 있다. 대부분 여성이 남성의 성을 따르는데, 최근 '부부 별성'을 허용해야 한다는 목소리가 커지고 있다.

일본에서 여성운동가들은 보통 별성을 쓰고 있는데, 미국에 갔을 때 성이 다르다는 이유로 남편이 딸의 유괴범으로 오인을 받은 적도 있다고 한다.

딸 우미에게 아빠 성을 따르게 하고 싶어도 재판을 거쳐야 하며, 비용이 만만치 않아 그냥 엄마 성을 쓰고 있다. 물론 성장한 뒤 본인에게 선택할 기회를 줄 생각이다. 딸 우미는 유호와 같은 장애를 가지고 있으며, 지금 열네 살이다. 유호 자신은 기대치 없는 수술로 청춘이 망가지는 게 싫어 수술하지 않았지만 딸에게는 권한 적이 있었다. 하지만 우미는 수술하지 않겠다는 의사를 분명히 밝혔다. 엄마가 보기에 다리가 많이 휘어 있어 수술을 권했던 것인데, 딸은 휠체어로도 족하다고 대답했다.

반대든 지지든 내 편을 만드는 게 중요해

다시 연애 이야기로 돌아갔다. 함께 도망치기까지 했던 남자와 헤어진 뒤 열 살 연하를 만나 부모에게 비밀로 하고 4년 동안 함께 살았다. 그런데 그가 연하의 여성과 바람을 피웠다. 그 사실을 외부에 공개하지 않았기에 주변의 지지를 전혀 받을 수 없어 힘들었다. 그때 결혼은 혼자

하는 게 아니구나 하는 걸 새삼 느꼈다. 장애여성이 연애할 경우 공개를 해서 반대든 지지든 내 편을 만드는 게 중요하다고 생각했다.

스무 살 이후로 애인이 없던 적이 없었는데 서른일곱 살부터 서른아홉 살까지 2년 동안 애인이 없었다. 이때 동료가 되어줄 여자 친구의 소중함을 느꼈다. 유호는 좋아하면 물불을 가리지 않는 편이며 이 사람이 아니다 싶으면 다음 사람을 정해놓고 헤어지곤 했는데, 마지막 애인은 준비가 안 된 상태였기 때문에 아무 대책 없이 헤어졌다. 돌아보면 17년 동안 연애에 대한 강박관념이 있지 않았나 싶다. 장애여성에게 애인이 없는 건 당연하다는 사회적 편견을 깨고 싶었던 것이다. 불쌍해 보이기는 싫었지만 2년의 솔로 생활도 괜찮았다. 비장애여성도 애인이 없는 경우가 많지 않은가.

연하남이 귀찮다고 생각한 적이 있는지, 남자가 의존하는 것에 대해서 어떻게 생각하는지 물었다. 연하남과 연애를 할 때는 항상 상대가 기대며 시작했던 것 같다는 답이다. 누나 역할을 맡았다고나 할까. 하지만 그럴 경우 힘들어도 말을 하지 못해 갈등이 깊어질 수가 있다. 그래서 지금의 남편과는 '나는 누나 역할은 못 한다' 고 처음부터 말하고 시작했다. 남편은 열일곱 살 연하이다.

그런 이유로 남편으로부터 "결혼 전에는 보살님이었는데 지금은 발바닥보다 못하다"는 이야기를 듣는다. 하지만 아이를 낳아 키우면서 육아의 어려움을 공유하다 보니 힘들어도 통하는 점이 많아졌다.

"내가 고등학생 때 남편이 한 살이었다는 것을 생각하면 절로 웃음이 나와요. 일본에도 돈 많고 나이 많은 남자가 한참 연하의 필리핀 여자와 사는 경우가 있지요. 스물다섯 살 이상은 범죄라고 생각하지만 저는 열일곱 살 차이니까 범죄는 아니죠?"

머릿속 결단과 상상을 따라준 '장한' 몸

자연스럽게 딸 우미의 출산에 대한 이야기로 넘어갔다.

"출산 전 이 후로 움직이지 못하는 게 아닐까 두려웠어요. 출산 후 걷는 게 힘들어진 점도 있지만 출산 전과 똑같이 돌아가게 된 것에 얼마나 감사한지 몰라요."

그저 못 일어나는 정도가 아니라 사망한 사례까지 보았다. 두려웠지만 임신 중 즐거웠던 경험도 있었다. 가슴이 풍성해지고 몸도 커진 것이었다. 출산 후 커졌던 가슴이 이제는 작아져 지금은 딸보다 작다며 아쉬워하는 유호. 엊그제 목욕을 하던 중 딸의 가슴이 자기보다 더 커 열 받았다는 말을 하는 그녀는 도저히 쉰을 넘긴 여자라고는 믿기지 않을 만큼 귀여웠다.

자신의 몸을 한마디로 표현해달라는 질문에 대한 유호의 답은 의외였다. 머릿속 결단과 상상을 따라준 몸이 장하다고 했다. 아마도 감정 표현을 잘하기 때문에 몸이 잘 따라주지 않았나 싶단다. 지금도 일주일에 3~4일은 펑펑 운다면서 잘 웃고 우는 것이 중요하다고 강조했다. 좀 더 멋지게 표현하자면 "사회변혁의 원동력이 되어준 몸"이라고 할까. 정신

력만큼 체력도 따라준 것에 감사하는 그녀에게서 오랫동안 몸과 마음을 갈고 닦은 여인의 혜안이 느껴졌다.

자신의 몸이 가장 아름답다고 느꼈던 때가 언제였느냐고 묻자, "임신 중 배가 커졌을 때요"라고 답했다. 유호는 임신 중 누드 사진을 찍었다. 지금도 그 사진 보는 걸 재밌어한다. 자신의 몸 여러 군데에 있는 수술 흉터를 보면 보기 싫다는 느낌이 드는데, 제왕절개 수술 자국을 보고 있으면 기쁘다고 한다. 나이 들어가면서 하나둘 늘어간 주름도 아름답다고 생각한다.

남편보다 주름이 더 많다며 걱정할 때 남편은 "그 주름까지도 좋아한다"고 말해주었다. 이 말이 아마도 결혼 생활 중 남편이 했던 말들 중 베스트 5에 들 거란다. 얼마 전 그 이야기를 했더니 남편은 정작 "내가 그런 말을 했나?" 하며 기억이 안 난다고 했다. 시어머니가 딸 우미의 휜 다리를 걱정하며 다른 건 다 괜찮은데 다리라도 곧았으면 좋겠다고 하자 남편은 그것까지도 귀엽다고 말해주었다.

작아진 가슴, 주름에 대한 이야기를 들으며 쉰을 넘긴 그녀에게 나이는 어떤 의미일까 궁금해졌다. 그녀 역시 폐경이 왔을 때 나이를 느끼지 않을 수 없었다. 왼쪽 눈에 백내장도 왔다. 하지만 그녀는 늙는 게 좋다고 한다. 예전보다 많이 부드러워졌고, 초조함이 없어진 것이 이유였다.

마흔 살에 출산을 하고 나니 장애로 인해 원래 약했던 이가 상해 모두 빼고 틀니를 해야 했다. 그래서 틀니를 끼지 않으면 완전 할머니 모습일 수밖에 없다. 하지만 딸은 그런 엄마의 모습을 아주 어릴 적부터 봐와서 그런지 아무렇지도 않게 생각하는 것 같다. 남편과 딸은 이 없는 모습이 더 귀엽다고도 한다. 그녀 역시 자연스럽게 받아들이고 있다. 쉰을 넘기고 나니 이제 남들에게 틀니에 대해 더 당당하게 말할 수 있게 되었다.

폐경이 되고 나서 남편이 생리대를 더 이상 빨지 않아도 된 것도 달라진 풍경이다. 처음에 여자가 아이 낳는 게 얼마나 힘든지 알게 해주려고 부탁했는데, 이제는 남편이 유호 대신 딸의 생리대까지 빨아주고 있다. 남편이 원래 자기 상처의 피도 무서워하는 성격인데, 생리대를 빨면서 아주 강해졌다니 일석이조인 셈이다.

스스로의 장점을 발견해서 칭찬해주길

밤이 깊어질 무렵 후배 장애여성들에게 해주고 싶은 말이 있는지 묻자 본인 스스로 장점을 발견해서 스스로를 칭찬해주라고 당부했다. 보통 장애여성들은 많이 힘들 거라는 좋지 않은 시각 때문에 장애여성 스스로 많이 위축되기 쉬운 까닭이다. 남에게 100만 번 칭찬을 들었으면 스스로에게 200만 번 칭찬의 말을 하라는 것이다.

"세계 페미니즘 프로그램에 자기 자궁을 보는 프로그램이 있어요. 자기 것뿐 아니라 주변의 동료들 것도 보는 거죠. 자기 안쪽으로부터 자기를 긍정하고 바깥을 보라는 취지에요. 그러면서 서로 크는 거죠. 스스로 자신을 칭찬하기는 어려운데 서로를 칭찬하다 보면 자신도 칭찬하게 돼요."

'여자의 몸은 여자의 것' 임을 강조하며 굳이 남자 시선에 맞추려 하지 말고 같은 동료로서 당당한 관계를 형성하라는 것이 요지였다. 남편, 애인 사이라도 남자, 여자로서 상대에게 상처를 줄 수 있으니 동성을 만나 서로를 칭찬해주라며 자매애를 강조하는 유호.

귀국 후 그녀에게 메일을 받았다. 도쿄에서 현금이 부족해 우리가 묵었던 숙소의 숙박비를 그녀가 빌려주었는데, 그 돈을 돌려받지 않고 우리 단체에 기부하겠다는 것이었다.

"나는 미국이나 유럽의 장애인운동으로부터 많이 배웠지만, 그것을 다시 미국이나 유럽에 갚는 것이 아니라 아시아나 아프리카에 되돌려 주고 싶다는 생각을 늘 했어요. 돈도 사람도 돌고 도는 세상, 그런 세상이 공평하고 평등한 세상이 아닐까요? 나는 그런 세상을 만들고 싶어요."

그녀와 함께 만들어나가는 공평하고 평등한 세상은 상상만으로도 행복하다. 힘이 난다.

몸, 말 II_

최해선

말 · 하 · 기

단어로 생각하는 지난 순간들

막연하게 언젠가 쓸 수도 있겠다 싶었지만 벌써 지난 삶을 쓰게 될 줄 몰랐다. 살아온 순간들을 단어로 풀어낸 것은 좀 더 분명하게 기억하고 싶어서다. 삶은 영화나 소설처럼 파노라마가 아니기에 장애가 나의 인생에 어떻게 영향을 미쳤는지, 어떻게 같이 했는지 말하고 싶었다. 단 한 번도 원하지 않았지만 장애는 내게 가장 큰 영향을 주었고, 앞으로도 계속 영향을 줄 삶의 부분이다.

진행성 말초 신경염: 내 몸을 설명할 또 하나의 이름

시골의 작은 읍내에서는 지나가는 꼬마가 누구인지 알건 모르건, 궁금한 것은 세워놓고 이것저것 물어본다. 소아마비는 전 국민이 아는 유명한 병이라서 "아가, 너 소아마비냐?"라는 질문을 숱하게 들었다. 얼핏 보기에 증세는 비슷하지만 소아마비는 아니었다. 서너 살부터 조금씩 병이 진행되면서 넘어지고 다쳤다. 가만히 있지 못하고 자꾸 뛰어다니다가 넘어져 걸핏하면 접골원에 뼈를 맞추러 다녔다.

병이 장애로 자리 잡아갈 무렵까지도 병명을 몰랐다. 나도 사람들이 물어볼수록 알고 싶었고 병명을 알아야 한다고 생각했지만 생각일 뿐 부모님께도 묻기가 어려웠다. 결국 나라에 장애인 신고를 하는 날에서야 알게 되었다. 선천성 장애이거나 어린 시절에 장애를 갖게 되면 18세에 장애등급심사를 받아 등급을 매긴다. 나는 손과 다리에 장애가 있고 휠체어를 타고 다녀야 했기 때문에 지체장애 1급 판정을 받았다. 지정 병원에서 판정받기 위해 진료를 받는데, 의사 선생님이 병명을 물었다. 아버지는 희귀해서 병명이 없다고, 수술과 치료를 받으며 많은 탐색 끝에 서울대학병원에서 임의로 지은 것이 '진행성 말초 신경염'이라고 말씀하셨다. 보통 '말초 신경염' 증상과도 많이 달라서 정확하지 않고 임의로 지었다고 말이다. 병명을 안 순간 어려운 문제를 풀고 다음으로 넘어가는 기분이 들었다.

종합병원과 한의원:
치료소인지, 감옥인지 애매한

돌이킬 수 있는 최초의 기억 중 하나가 병원 풍경이다. 환자복과 병실, 주사, 검사실과 치료실, 간호사와 의사. 무엇보다 휴일이면 텅 빈 병원, 거기에 남겨진 엄마와 나. 기억에는 없지만 엄마의 이야기로는 병원에서 난 귀여움을 듬뿍 받았다고 한다.

시간이 갈수록 다리와 손가락의 운동신경이 약해지고 감각신경은 예민해졌다. 그 두 부분이 일생생활에서 얼마나 긴요한지, 쓰지 못할수록 절실히 알게 되었다. 그럴 때면 몸의 기능에서 꼭 필요한 부분이 점차 사라지는 것 같았다. 의사들도 나와 같은 증상을 본 적이 없고 원인도 알 수 없다고 했다. 수년간 원인을 알기 위해 수술이다 검사다 해서 길고 긴 치료가 이어졌다. 입원과 퇴원의 반복이었다. 척수에서 물을 빼는 것도 그런 검사 중 하나였다. 오랜 시간이 지나 텔레비전에서 심장병 어린이 돕기 〈어린이에게 새 생명을〉이란 프로그램을 보게 되었다. 심장병 어린이의 척수에서 물을 빼는 장면만 보아도 그때의 아픔이 떠올라 등에 통증이 되살아나는 것 같았다.

초등학교 때 몇 년간 버스로 40여 분 거리에 있는 유명한 한의원에 다녔는데 엄마 이야기로는 아마 몇 트럭 분의 한약을 먹었을 거란다. 얼마나 먹었는지 항상 입에서 쓴 내가 나는 것 같았다. 한약 복용 중에는 육류 섭취가 금지된다. 덕분에 오랫동안 채식주의자가 되었다. 한약을 끊고 나서도 습관이 되어서 20대 중반까지 육류는 먹지 않았다. 나중에 한약을 많이 먹으면 죽을 때 쉽게 죽지 못하고 고생한다는 이야기를 들었다. 어차피 오래 못 살 거라면 곱게 죽고 싶었는데 잠깐이지만 아찔했다.

열일곱 살, 친오빠의 친구이자 같이 교회에 다니며 친하게 지내던 오빠가 맹장염으로 입원한 적이 있다. 친구들과 문병을 갔는데 환자복을 입은 오빠가 내 휠체어를 밀고 병원 구경을 시켜주었다. 오빠한테는 미안했지만 환자의 입장이 아닌 누군가를 문병하러 가는 건 정말 재미있었다. 늘 환자이기만 하다가 문병하는 입장에서 본 병원은 별로 힘든 곳이 아니었다. 사실은 많이 미안하지도 않았다. 다음 날이면 퇴원하는데 뭘. 내가 아파서 입원했을 때와 남이 아파서 문병 갔을 때의 차이가 얼마나 다른지, 왠지 모르게 부러웠던 것도 같다. 몇 년이 걸려도 좋으니 정해진 시한이 지나서 낫는 병이라면 좋을 텐데.

엄마:
고통의 반을 대신해준 사람

먼 대도시 병원에 입원했다가 집에 돌아오는 길에는 야간열차를 탔다. 늦은 밤에도 왜 그렇게 사람들이 많았던지, 종종 입석을 탈 때도 있었는데 나는 엄마 손을 잡거나 등에 업혀서 졸기 바빴다. 엄마도 힘들었을 텐데 날 업고 네 시간이 넘도록 기차 복도에 서 있었다. 어려서 고생이 고생인지 모를 나이였지만 엄마가 고생한 것을 생각하면 왠지 까마득하다.

엄마는 늘 병원에서 간병하거나 기도원에서 최소 일주일에서 열흘, 보름까지 금식기도를 하기도 했다. 나도 엄마를 따라 금식할 때가 있었는데 끝까지 못 채우고 죽을 먹을 때도 많았다. 기도하고, 기도하고, 물 한잔 마시고 또 기도하고. 어린아이는 참기 어렵다고 간혹 하얀 죽을 먹기도 했는데 엄마는 순 물만 마셨다. 어른이 되고 나니 어른이라고 고통을 참기 쉬운 건 아니었다. 잘 먹고 잘 자도 견디기 힘든 일인데 굶주려가면서까지 말이다. 그때로 돌아갈 수 있다면 무슨 수를 쓰든 엄마가 몸을 혹사하지 않도록 말리고 싶다.

믿음:
무엇에건 매달려 기대보는 마음, 혹은 행위

초등학교 몇 학년이었는지, 보조기를 신고 살금살금 걸어 다닐 때였다. 넘어지면 크게 다쳐서 항상 조심스러웠다. 학교를 파하고 집에 오자마자 엄마가 급하게 날 데리고 버스에 탔다. 친척 어른이 돌아가셨다고 했다. 초상집은 당시 아버지의 고향 집에 차려져 있었다. 문상 온 사람들로 북적거리던 집에 도착해 영문도 모르고 방에 들어갔다. 시신을 염하고 모셔둔 방이었는데 염한 시신을 본 건 처음이었다. 시신의 손과 내 손을 묶고 엄마를 포함해 다들 밖으로 나가버렸다. 너무 무서워서 한참을 울었다. 돌아가신 분이 내 몸에 붙은 잡귀를 데리고 멀리 가라는 의미였다. 어린아이에게 그런 일을 하도록 엄마를 설득한 것은 친·인척 할머니들이었고 엄마는 그 말에 따를 정도로 절실했던 것이다. 그때 일이 꿈인가 생시인가 싶을 때가 있다. 뭔가를 간절히 바란다는 것은 비이성적이고 비과학적인 일에 매달리게 하기도 한다.

학교:
겪는 모든 것이 배움이 되거나 상처가 되는 곳

초등학교 6년간은 좋은 기억과 나쁜 기억이 뒤섞여 있다. 성적은 늘 상위권이었지만 여러 가지 사정상 2년 늦게 입학해 동생들과 학교에 다녔기 때문에 자랑거리라고 할 수는 없다. 노는 것을 좋아해서 공부는 관심 밖이었다. 하교 후에는 반은 놀러 다니고 반은 걷기 연습하느라 하루가 부족했다. 학교 밖 생활은 즐거웠다. 나이는 나보다 어렸지만 주변에는 늘 아이들이 있었다. 학교 대표로 동화구연대회에 나가 상도 받고, 반 아이들에게 옛날이야기를 들려주기도 했다. 지금처럼 컴퓨터나 게임 같은 놀 거리가 많지 않던 때여서 옛날이야기는 인기가 높았다. 때문에 별명이 '이야기 할머니' 였다. 할머니라니, 나이가 몇인데. 학년이 올라가면서 점차 몸이 약해져 결석이 잦아졌다. 대신 독서량은 엄청나게 늘었다.

담임선생님에 따라 학교생활은 즐겁기도 하고 나쁘기도 했다. 2학년 때 선생님은 몸이 불편하다고 특별 취급을 하지 않았다. 잘하면 똑같이 상을 주고 못하면 똑같이 맞거나 벌을 섰다. 그런 방식이 얼마나 마음을 편하게 했는지 모른다. 4학년 때 선생님은 매우 잘해주셨는데, 5학년 때 도시로 전근을 간 후 얼마 지나지 않아 내게 수십 통의 편지를 보냈다. 그곳에서 담임을 맡은 반 아이들이 나에게 위문편지를 쓴 것이다. 힘내서 열심히 살라는, 아마 그런 내용이었을 것이다. 그때의 당황스러움이라니! 군인 아저씨도 아닌데 위문편지를……. 답장은 일절 하지 않았다. 절정은 6학년 선생님이었다. 처음으로 남자 선생님이 담임이 돼 긴장했는데 그분은 나름 공평했다. 키가 큰 여학생, 발육이 빠른 여학생, 공부를 못 하는 여학생, 장애가 있는 나를 가리지 않고 공평하게 달달 볶았다. 비나 눈이 오는 날이면 휠체어 바퀴에 진흙이 묻어 교실과 복도 바닥이 더러워지곤 했는데 수업 내내 잔소리가 쏟아졌다. 결국 수업 중에 걸레로 교실을 닦았다. 특히 여학생을 괴롭혀서 학생들에게 원성이 자자했다. 이제와 고백하건대, 얼마나 비겁하면 나이 어린 학생들을 괴롭히겠느냐며 한심하다고 속으로 욕을 한 적도 있다. 몸의 불편함이 차별의 이유가 될 수 있다는 것을 처음 경험한 시기였다.

친구:
몸이 가깝든 멀든 오래 두고 사귀는 사람

초등학교를 졸업하고 책과 음악과 그림, 영화의 재미에 빠져서 운동을 게을리한 결과는 지금도 가끔 후회한다. 아무리 힘들어도 다리를 펴고 주무르고 물리치료를 계속했으면 뼈가 굽거나 비틀리는 속도가 좀 늦춰졌을까. 점점 다리가 마르고 굽기 시작했다. 다리만이 아니라 전체적으로 몸이 마르고 잘 먹지 못했다. 소화 기능이 약해져서 먹는다는 행위 자체가 싫었다. 성년이 넘어서도 몸무게가 25~26킬로그램을 넘지 않았다. 그뿐만 아니라 혈액순환이 잘 되지 않아서 늘 팔다리가 시렸다. 발이 시려 잠에서 깨면 잊기 위해 책을 읽었다. 그 와중에 책을 더 많이 읽을 수 있었으니 덕을 본 것도 있는 셈이다.

열일곱이었던 어느 날, 초등학교 동창생의 언니가 책을 빌리려고 집에 찾아왔다. 우리 집은 온 가족이 책을 좋아해서 책이 굉장히 많았다. 덕분에 갑자기 친구 풍년이었다. 그중 두 친구는 오래 남아 지금까지 절친하다.

그즈음이 가장 많은 추억을 만든 시절이다. 시외버스를 타고 40여 분을 달리면 전주였다. 친구들과 같이 가서 영화도 보고 서점과 문구점에도 가곤 했다. 휠체어를 탄 나와 다니려면 친구들은 때때로 힘을 써야 했다. 휠체어를 탄 채 전주 시내의 끝에서 끝까지 다니기도 했다. 가끔 친구들이 수업을 땡땡이치고 오전에 놀러 오면 멀리 놀러 갔다가 소나기에 흠뻑 젖기도 했다. 휠체어에 앉아 있다가 비가 쏟아지면 의자에 물이 고여 하의가 금방 다 젖어버린다. 조금만 맞아도 흠뻑 젖어서 실컷

맞을 수는 없지만 비나 눈을 맞는 건 정말 좋았다.

내 고향은 여름에는 비가 많이 오고, 겨울에는 눈이 많이 오는 고장이다. 덕분에 피해도 많지만 추억도 많다. 보조기를 신고 초등학교에 다닐 때였다. 여름에 폭우가 내려 온 동네가 물에 잠겼다. 당시 내 키의 허리 정도까지 물이 찼는데, 그 길을 뚫고 교회에 가다가 넘어져 한참을 떠내려간 적이 있었다. 요즘도 홍수 피해가 나면 텔레비전에서 돼지가 물에 둥둥 떠내려가는 장면을 보여주곤 하는데 내가 딱 그랬다. 다행히 가게에서 밖을 보고 있던 언니 친구가 날 건져 집에 데려다 주었다.

학교는 다니지 않으면서 교회 고등부에는 다니던 불량아 시절이었다. 친오빠 친구였던 두 명이 잘생기고 공부도 잘해 교회에서 인기가 많았다. 두 살 터울의 친오빠 친구들과는 어렸을 때부터 친해서 같이 어울려 논 적도 많았다. 다정다감한 성격의 친오빠는 어렸을 때부터 친구들이 놀러 오면 나와 같이 놀아주었다.

이웃집 아주머니 말씀을 빌리면 '교회는 연애의 온상지' 였다. 누워 있는 게 생활화될 정도로 아파서 교회도 못 가고 누워 있는데 친구가 소문을 말해줬다. 내가 그 오빠 중 한 명을 좋아한다고 했던가, 서로 좋아한다고 했던가. 정확한 기억은 나지 않지만 그런 내용이었다. 누워 있다가 친구 앞에서 크게 웃었다. 신기하고 놀라웠다. 당시 나는 친구들과 보이지 않는 벽이 있다고 느끼고 있었다. 같은 공간에 있어도 살고 있는 세상은 완전히 달랐다. 친구들이 아무리 남자 친구와의 데이트 이야기를 해도, 학교 이야기를 해도 나와는 먼 나라 이야기였다. 도 닦는 사람 같다는 말도 들었지만 도를 닦은 게 아니라 세상과 거리를 두고 있었다.

'세상에 누가 장애인을 좋아하겠어' 라고 생각하는 의기소침한 아이였다. 그랬는데 연애 소문에 휩싸이다니. 열일곱, 역시 세상은 오래 살고 볼 일이었다. 오빠들이 대학에 가고 자연스럽게 멀어질 때까지 변함없이 친하게 지낸 것만 보아도 '아니 땐 굴뚝의 연기' 였다. 그럼에도 어떤 친구들은 끝내 믿어주질 않았다.

누군가 내게 한 약속 중에 가장 흐뭇한 약속을 그즈음 받았다. 나와 소문의 주인공이었던 오빠였다. 소문이 있는 줄 알면서도 일요일 아침이면 우리 집에 와 나를 데리고 교회에 다녔다. 오빠 집, 교회, 우리 집이 모두 멀어서 각각 30여 분에서 한 시간 거리였다. 오빠는 큰길을 놔두고 인적 없는 골목골목을 돌아서 다녔다. 골목길은 아스팔트가 깔리지 않아서 땅이 울퉁불퉁 거칠었다. 휠체어가 다니기 사나웠다. 오래 다니면 하도 덜컹거려 엉덩이가 얼얼하니 아팠다.

"내가 나중에 돈 벌면 이 골목들까지 다 아스팔트로 깔아버려야지. 넌 그때까지 기다려라."

그러고는 목표했던 의대에 들어가자 방학 때만 가끔 보다가 연락이 끊겼다. 물론 약속은 지켜지지 않았지만 멋진 추억이 되었다.

사랑:
세상에서 가장 어려운 숙제

20대 초 · 중반 몇 번인가, 남자로부터 좋아한다는 고백을 듣고 결혼계획에 대한 이야기를 들었다. 좋아한다는 말에서 그치면 좋았을 텐데 대개 결혼에 대한 이야기로 이어졌다. '부모님이 돌아가실 때까지 기다려줘'. 혹은 내가 장애인인 걸 모르는 그의 가족이 나의 거절에 방황하는 동생을 보다 못해 만나자고 연락해오기도 했다. 결혼은 너무 부담스러웠다. 내 몸도 주체하기 버거워 지치는데, 게다가 오래 살 자신도 없는데 타인을 감당해야 하다니. 마음속이 너무 복잡했다. 호감이 있다가도 결혼 이야기만 나오면 도망치고 싶었다.

그러다가 내가 진짜 좋아하는 사람을 만났을 때 깨달았다. 이런저런 생각을 하고 도망갈 수 있었던 것은 진심이 아니었기 때문이라는 것을 말이다. 그제야 철없이 마음 아프게 해서 미안했다. 그들에게 한 번도 나의 장애를 어떻게 생각하는지 묻지 않아서 미안했다. 결국 잘되지 않았지만 후회하지는 않는다.

장애가 있는 친구들이 연애하고 결혼해서 아기 엄마가 되는 것을 보면 사랑스럽고 좋아 보였지만 부러웠던 적은 없었다. 나를 보고 충고하는 사람도 더러 있다. 눈을 좀 낮춰서, 전략적으로 남자를 골라 결혼을 하라고 말이다. 결혼한 장애인 선배들을 보고 배우라고도 한다. 하지만 삶의 목적이 결혼이나 육아가 될 수는 없다.

국립재활병원:
몸과 마음이 장애에 익숙해지는 데 필요한 시간을 제공하는 곳

스물여섯 살, 재활병원에 입원한 목적은 재활이 아니었다. 서울 국립재활병원에 입원한 친구가 담당 의사에게 나에 대해 말했다며 잔뜩 들떠서 연락했다. 의사 선생님이 고칠 수 있을 것 같으니 한번 오라고 했다고, 빨리 올라오라고 말이다. '에이, 설마' 하면서도 혹시나 하는 마음에 서울로 올라와 입원했다. 그때까지도 재활병원이 정확히 어떤 곳인지 몰랐다. 재활병원은 병을 치료한다기보다 장애인의 재활을 돕는 병원이었다. 추측컨대 친구와 의사 선생님 간에 의사소통이 살짝 어긋났던 것 같다.

기왕 입원한 것, 죽지 않을 만큼 재활과 체력 운동을 열심히 했다. 아침 6시에 일어나면 밤 12시까지 침대에 올라가지 않았다. 팔의 근력을 키우기 위해 치료 시간과 식사 시간을 제외하고 휠체어를 타고 병원 안의 모든 경사로를 오르내렸다. 휠체어를 끌고 다닌 손바닥이 온통 까져서 피투성이가 되었다가 못이 박이는 과정을 되풀이했다. 물리치료는 고통스러웠다. 굽고 비틀린 다리를 펴려고 잡아당기면 뚝 부러질 것 같았는데, 결국 물리치료사는 잘못하면 부러진다고 펼 수 없다고 했다.

너무 열심히 하다가, 혹은 호기심에 다칠 때도 있었다. '휠라이'는 휠체어의 앞바퀴를 들어 올려 턱을 넘거나 계단을 오르내리며 앞으로 나아가는 기술인데 상반신장애가 없으면 할 수 있다. 그걸 해보려고 연습하다가 뒤로 넘어지는 바람에 가벼운 뇌진탕을 입었다. 근력이라고는 전혀 없었지만 어깨와 허리에 조금이라도 근력을 키우고 싶었다. 하지만 근력이 생기는 게 아니라 오히려 체력이 더 손상되기도 했다. 절대 무리하면 안 되는데 3개월간 줄곧 무리했던 것이다. 온몸의 근육이 아파서 견딜 수 없으면 근육주사를 맞고는 했다. 보통 환자들은 근육주사를 맞으면 비명 소리가 병원 복도까지 울리곤 했다. 나는 신음 한 번 흘리지 않고 허리와 등에 열다섯 대 이상을 맞으니 의사 선생님이 물었다. "안 아파요?" "아파요." 무덤덤한 한마디에 의사 선생님도 더 이상 묻지 않고 묵묵히 주사를 놓았다. 아픈 것을 참는 것은 도사가 됐다.

하도 웃고 다녀서 행복해 보인다는 말을 많이 들었는데 사실은 몰래 울 때도 많았다. 견딜 수 없이 힘들 때는 화장실에 숨어서 울었다. 나중에는 화장실에서 우는 걸 들켜버렸고, 내가 사라지면 화장실로 찾아다니는 바람에 다른 층의 구석진 화장실을 찾아내느라 숨바꼭질도 꽤 했다.

운전면허:
삶이 달라질 수 있는 확실한 방법 중 하나

진정 나에겐 미션 임파서블! 장애가 있는 수많은 지인들이 말했다. 운전을 하면 인생이 달라진다고. 과연 어떻게 달라지는지 꼭 알고 싶었다. 재활병원에서 근력 운동을 하다가 과로로 기절까지 하며 체력 단련을 하고, 사람들로부터 험난한 면허시험장 경험담을 귀담아 듣고 갔다. 하지만 똑 떨어지고 말았다.

한 면허시험장에서는 시험대 의자에 앉지도 못하고 쫓겨났다. '에잇. 나도 인생 한번 바꿔보자고요!'

"손도 못 쓰는 주제에 어딜 왔어요?"

"일단 핸들을 돌려볼 수 있게만 해주세요. 능력이 안 되면 떨어지겠죠. 되면 붙을 거고요."

"안 돼요. 얼른 나가세요."

장애인은 면허시험을 보기 전에 몇 단계의 운동 능력 측정 시험을 먼저 거쳐야 한다. 모든 단계를 통과해야 비로소 비장애인이 보는 면허시험에 응시할 수 있다. 그 시험 중 하나가 수동 핸들을 360도 두 바퀴 연속으로 돌리는 것이다. 나는 한 바퀴 반 이상을 돌리지 못하고 번번이 실패했다. 시험용 핸들에 부딪쳐 손목에 타박상만 입었다. 오토매틱 천지인 자동차에서 수동 핸들 돌리기 측정은 불합리하다. '난 오토매틱 자동차를 운전할 거라니까!' 절실히 바라고 아무리 애를 써도 가능한 것이 있고 그렇지 않은 것이 있다.

퍼포먼스:
몸으로 생각이나 신념을 표현하는 행위 예술

장애여성 문화단체에서 일할 때 퍼포머로 공연을 한 적이 있다. 관객 앞에서 별로 아름답지 않은 몸을 드러내고 움직이면서 공연의 의도를 표현해야 한다. 생각하는 것을 멈추지 않으면 어려운 일이다. 누군가 집중해서 나를, 내 몸을 바라본다는 것은 의식하면 할수록 마음이 움츠러든다. 공연 중에 나의 일거수일투족을 바라보는 시선들. 언젠가 고등학생들 앞에서 퍼포먼스를 한 적이 있었다. 정확한 주제는 기억나지 않지만 '장애여성에 대한 이해'에 관한 공연이었다. 공연이 끝나고 한 남학생이 "시간이 우리들과는 다르게 흘러가는 사람, 사는 속도가 남들과 다른 사람 같다"고 말했다. 누군가의 감수성이 나의 감수성을 이해할 때의 느낌은 특별하다. 타인이 나를 좋아하면서 이해할 수 없는 것보다 나을 때가 있다. 비록 이해한다고 좋아하는 것은 아니지만 말이다.

속도:
일이 진행되는 빠르기, 혹은 사회가 정한 적령기

휠체어에 타고 있으면 때로는 묶여 있는 기분이 들 때가 있다. 내 몸을 내 의지대로 움직이지 못하고 밀어주는 사람이 조종해서 움직이는 느낌. 언젠가 일행과 함께 이동하던 중이었다. 친하지도 않았던 남자가 내 휠체어를 밀고 가던 지인을 밀치더니, 대신 밀어주겠다며 빠른 속도로 밀고 가버린 적이 있다. 그때의 공포, 불쾌감, 비참함은 그 뒤로 한참 동안 낯선 사람에게 휠체어를 맡기는 걸 꺼림칙하게 만들었다. 또한 몸의 부자유함을 절실히 느꼈다.

몸이 부자유하다는 건 속도의 문제이기도 하다. 그렇기 때문에 속도는 나에게 아주 중요한 주제이다. 운동신경이 약한 만큼 몸짓이 느리다. 내 몸에 휠체어나 목발을 달고 사는 것은 족쇄이면서, 없으면 안 되는 이동 수단이다. 아무것도 필요 없이 몸만으로 활동이 가능한 비장애인과 속도에서 큰 차이가 날 수밖에 없다. 그런데 우리 사회는 비장애인 중심으로 돌아가기 때문에 그들의 속도가 정상적인 속도가 되어버렸다. 본질적으로 다른 속도로 사는 사람들과 같은 속도로 살아야 한다는 것은 불가능하기도 하지만 거기에 맞추려는 노력만으로도 짙은 피로감에 시달린다.

나는 중학교 진학과 동시에 사회적인 속도와의 경쟁심을 버렸다. 나만의 속도로 삶을 지속하기로 결심하면서 비로소 삶의 피로가 조금 줄어드는 것을 느꼈다. 장애에 얽매인 몸을 이끌고 살자니 속도가 남들과 어긋나고, 몸의 속도가 어긋나니 마음의 속도 역시 어긋나지만 그것만은 나도 어쩔 수가 없다. 힘껏 견디는 수밖에.

잉여인간:
쓰고 난 후 남은 것, 혹은 다 쓰고 난 나머지

요즘은 할 일 없이 놀고먹는 사람을 자조적으로 '잉여인간' 이라고 하는데 사전적 의미는 '쓰고 난 후 남은 것, 혹은 다 쓰고 난 나머지' 이다. 나는 10여 년째 잉여인간이다. 정말 내가 서른 넘어서까지 살 수 있을지 꿈도 꿔본 적이 없다. 20대를 넘기기 어렵겠다거나, 30대 초반에도 심장이 아파서 의사에게 물어보면 어느 날 갑자기 위험할 수 있으니 조심하란 경고도 들었다. 그러나 큰일 없이 마흔을 넘겼다. 이렇게 '잉여롭기' 전에 열심히 일해서 저금한 돈을 무작정 까먹고 있을지언정, 원고료도 없이 밤을 밝히며 써주었던 수많은 글쓰기에서 배운 감각이 지금을 살아갈 수 있게 하는 바탕이 돼주었다. 내가 느끼는 서른 살 이후의 삶에 대해 '잉여' 라는 말보다 정확한 표현은 없다. 때로는 울고 분노하고 걱정하며 타인들에게 시달리지만, 각오한 시간까지 다 살았다고 선을 긋고 난 후 잉여의 시간은 훨씬 홀가분하다. 삶을 어떻게 살아야 하나, 무슨 일을 해서 먹고살 수 있느냐는 질문이 마음 밑바닥에서 답도 없이 맴돌면 암담해지면서 걱정이 생겼다. 그러던 어느 순간 가볍고 게을러도 진정으로 괜찮다는 생각이 들었다. 살아 있는 것만으로 여유를 찾을 수 있다는 생각 자체가 '잉여로움' 이었다. 사실 삶의 조건이나 환경이 변한 건 아니다. 마음이 변한 것뿐이다.

요령 익히기:
어떤 일에 익숙해지고 이치를 깨달아가는 것

일상생활을 하려면 매일 자신의 몸에 익숙해질 시간이 필요하다. 장애로 인해 몸의 기능이 남다르지만, 병이 진행될수록 기능이 떨어지거나 작은 부분이라도 환경이 바뀌면 적응하도록 요령을 익히기 위한 것이다. 동네 아주머니는 내가 건강했던 어린 시절에는 골목대장에 말괄량이였다고 한다. 아주머니의 아들도 나에게 맞아서 운 적이 한두 번이 아니라고 했다. 기억도 나지 않는 어린 시절, 지금의 나를 아는 사람들은 상상이 잘 되지 않을 것이다. 진행성 병을 가진 내 몸은 한 번에 요령을 익힐 수 없다. 처음에는 잘 걷다가 다리에 힘이 빠져서 자꾸 넘어지고 다치면서 무릎 아래부터 고정하는 보조기를 맞추었다. 잠시 보조기를 신고 다니다가 또 넘어지자 목발이 더해졌다. 보조기를 신고 목발을 짚고 다니면서 발바닥에 굳은살이 박혔다. 발바닥이 피범벅이 되었다가 굳은살이 박히는 과정이 반복되었다. 그래도 매일 방과 후에 안방에서 걷는 연습을 했다. 걷는 연습이 힘들어 조금이라도 게을러지면 부모님은 세계문학전집, 과학전집, 위인전집 등을 사주며 걷게 했다. 나중에는 땅에서 한 발 떼는 것조차 천근처럼 무거워졌고 밤이면 다리 전체에 오는 통증으로 잠을 이루기 어려웠다. 일주일의 절반은 휠체어를 타고 절반은 목발을 짚고 학교에 다녔다. 결국 더는 걸을 수 없을 때 휠체어에 정착했다. 처음 휠체어를 탔을 때 익숙해지기 전까지 몹시 창피했던 기억이 난다. 오직 걷는 역할에 충실한 다리로는 더 이상의 요령을 터득할 수 없었지만 손은 문제가 달랐다.

다리는 무릎 아래에 힘이 들어가지 않다가 지금은 골반 밑으로 힘이 들어가지 않는다. 손은 손목 아래로 힘을 잃었다. 연필 잡는 법, 보조기를 혼자 신고 벗는 법, 수저 잡는 법, 컴퓨터 자판을 독수리 타법으로 빨리 치는 법, 도화지에 스케치하는 법, 옷을 입고 벗는 법, 옷장 문을 여는 법 등 일상생활의 요령을 익히기 위해 매일매일 아무도 없을 때 연습하고 익히는 것이 매우 중요했다. 하지 않으면 너무나 많은 것을 남에게 부탁하고 의지해야만 한다. 처음에는 못 할 것 같아도 궁리를 해서 이리저리 해보고 요령을 익히면 생각보다 할 수 있는 일이 많았다.

물론 하지 못하는 일도 많다. 지금도 새로운 뭔가를 익힐 때 나만의 요령을 익힐 시간이 필요하다. 비장애인처럼 그냥 아무렇지도 않게 할 수는 없다. 최근에는 휴대폰을 스마트폰으로 바꾸면서 새끼손가락으로 작은 자판을 치는 게 어렵다. 어떻게 해도 자꾸 오타가 나서 2G폰의 자판을 누르는 것보다 시간이 더 걸린다. 오빠는 오타를 수정하느라 애쓰는 날 보다가 스마트폰 전용 펜을 사주겠다고 했지만 거절했다. 기능은 부실하지만 내 손으로 익혀서 쓰고 싶었다. 연습만이 조금이라도 더 자유로워지는 길이다.

적응:
장애는 극복하는 게 아니라 적응하는 것

나의 무릎뼈는 굽어서 펴지지 않은 지 오래고 골반뼈는 절반 이상이 내려앉았다. 척추측만증도 진행 중이고 허리와 등의 통증이 심해서 병원에서 아무리 주사를 맞아도 이젠 효과가 없다. 손목 통증이 심각해질 것이라는 병원의 경고대로 발 대신 몸을 지탱해야 하는 손목과 어깨는 나날이 통증이 심해지고 있다. 열흘에 적어도 세 번 이상은 넘어져 가벼운 뇌진탕은 기본이다. 심한 경우에는 얼굴이 깨지고 반나절의 기억을 상실한 적도 있다. 가만히 앉아 있다가도 팔이 꺾이거나 기운이 없어 픽픽 넘어진다. 하루 외출하면 이틀은 기운이 없다.

언젠가 독감에 걸렸다가 폐렴으로 발전해 한 달간 실어증을 앓았는데 병원에서는 조금만 늦었으면 폐결핵까지 갔을 거라며 감기에 걸리지 않도록 조심하라고 경고했다. 주사를 맞을 때마다 혈관을 찾기 어려워 팔과 손등, 목, 발등까지 온몸을 뒤져 혈관을 찾아야 하는 것도 큰일이다. 독한 약을 복용하거나 검사할 때마다 온몸에 수십 군데의 바늘구멍을 내고서야 겨우 혈관을 찾아낼 수 있다. 그 외에도 내가 적응해야 할 것은 많다.

잠자리에 누워 있는 시간은 남 못지않은데 평생 수면 부족이었다. 앉아서 졸거나 상념에 잠겨 버티는 밤도 무수히 많다. 어렸을 때는 병의 진행 속도가 시곗바늘의 움직임 같다고 생각했다. 보이지는 않지만 시간이 지나면 확실히 바늘이 움직인 것처럼 병도 그랬다. 지난해에는 쉬웠던 것이 어려워지고 아무리 애를 써도 불가능해진다. 그런 것이 점점 늘어간다. 어느새 진행 속도가 눈에 띄게 빨라지고 있음을 매일, 매 시간 느끼고 있다. 이런 몸에 적응하려면 평생이 걸리겠지만 적응할 시간도 주어지니까 괜찮겠지.

비·교·하·기

세상이라는 거울에서 내 가능성을 찾아

살다 보면 가능성에 대한 긍정적인 말을 곧잘 듣거나 하게 된다. 예를 들어 "넌 할 수 있어. 열심히 해봐" 혹은 "세상에 안 되는 게 어디 있어? 이것저것 해보고 그중에 적성에 맞는 것을 찾으면 되지. 해보지도 않고 어떻게 알아?" 하는 말들이다. 특히 젊거나 어린 비장애인이라면 더 흔하게 듣는다. 그러나 몸에 장애가 있으면 가능성에 대해 긍정적인 말을 듣는 경우가 매우 드물다. 거의 들어보지 못한다. 대신 새로운 것에 관심을 갖거나 해보려고 방법을 찾고 있으면 "네겐 어렵지 않을까? 다시 잘 생각해봐"라거나 "괜히 하려고 했다가 상처만 받지 말고 그냥 가만히 있어"와 같이 부정적인 말을 듣는다. 어차피 주변 사람들만 귀찮게 하고, 하지도 못할 걸 내가 뭐 하려고 애를 쓰지? 나중에는 자신도 헷갈릴 지경이다.

가족도 선생님도 사회도 누구도 응원해주지 않다가 어느 한 사람이 그게 뭐 어렵느냐는 듯이 "뭐 어때! 한번 해봐" 하고 밀어주었을 때 마치 날개를 달고 날아오르는 것 같다. 어깨에 얹힌 무거운 짐의 무게가 100분의 1로 줄어드는 기분이 든다. 펌프에서 물이 잘 나오게 하기 위해

마중물 한 바가지 쏟아붓는 것처럼. 처음이 어렵지 자꾸 하다 보면 익숙해지는 법칙은 긍정적인 사고에도 적용이 된다. 자신감이 중요하지 남의 말이 뭐가 중요하냐고 할지도 모르겠다. 그렇지 않다. 자신감도 중요하지만 남의 말도 중요하다. 중요하지 않다면 세상의 그 많은 격언이며 '고래도 춤추게 한다' 는 칭찬을 왜 그렇게 강조하겠는가.

나도 할 수 있을 것 같은 예감

전에 다니던 사무실 옆에 '장애인 미술교실' 이 있었다. 화가로 실력을 인정받다가 교통사고로 목 아래가 마비돼 척수장애인이 된 언니가 강사로 있었다. 그 언니는 손에 붓을 놓고 압박붕대로 감아 고정시킨 후 어깨를 들어 올려 캔버스에 그림을 그렸다. 오가며 친해진 어느 날, 그렇게 하면 어깨가 아프지 않느냐고 물어보았다. "아프지만 괜찮아. 너도 해볼래?" 스스럼없이 권하는 말에 반가운 마음으로 다짜고짜 하겠다고 나섰다. 말하고 나니 손아귀 힘도 없고 어깨도 튼튼하지 않은데 과연 괜찮을지 의문이 들었다.

어렸을 때 무릎 위에 스케치북을 올려놓고 연필로 그렸을 때와는 완전히 다른 문제였다. 언니는 "괜찮아. 다 방법이 있어. 수채화는 섬세한 손동작이 필요하니까 어려울지 몰라도 유화는 할 수 있어. 손이 안 되면 입으로 그려도 돼"라며 힘을 주었다.

입에 붓을 물고 그림을 그리는 구족화가를 알고 있었다. 상상을 초월할 정도로 힘든 일이라는 걸 봐왔기에 사양했다. 이젤 앞에서 그림을 그리는 화가의 붕대 감긴 손과 힘없이 구부러진 내 손가락을 번갈아 내려

다봤다. 어쩌면 그릴 수 있을 것 같았다.

그날로 등록해서 그림을 배우기 시작했다. 힘이 없는 손가락과 손목에 미술용 연필을 끼우고 압박붕대로 돌돌돌 감았다. 이젤 앞에 앉아 어깨를 들고 어깨 힘만으로 선을 그었다. 아무 의미 없는 선들이 점점 사물의 모양을 갖추어갔다. 목탄으로 그릴 때는 붕대를 풀고 직접 손으로 그려 뭉개기도 했다.

"성격 나온다, 성격 나와. 선 그리는 거 보면 성격이 다 보여."

무슨 성격이 어떻게 나온다는 건지 옆에서 강사 언니를 비롯해 주변 사람들이 놀렸지만 나는 진지했다. 어렸을 때 병이 진행되는 바람에 그리다가 만 그림은 언제나 구경하고 감상하는 것이었지 직접 할 수 있는 게 아니었다. 그런데 이제 가능해졌으니 어찌 신나지 않았으랴.

휠체어, 다리 혹은 족쇄

"스키캠프가 있는데 우리도 가자."

어느 날 친구가 전화를 했다. "스키? 우리가?" 그때까지 장애인이 스키를 탈 수 있다는 것을 전혀 몰랐다. 깜짝 놀랐다. 친구는 하반신마비 장애인이라 탈 수 있을지 몰라도, 다리와 손에 장애가 있는 내가 할 수 있을지 반신반의하는 마음으로 친구와 함께 2박 3일간의 캠프에 참가 신청을 했다.

캠프 첫날 아침, 지상에서 올려다보는데 장애인 스키어들이 슬로프를 빠르게 내려오는 모습이 보였다. 보면서도 믿기지 않았지만 정말 멋진 광경이었다. '나도 할 수 있대. 할 수 있어. 있으니까 캠프 신청을 받아

줬을 것 아냐' 바로 눈앞에서 보니 정말 할 수 있을 것 같았다. 전신장애가 있는 사람이 타는 스키를 '바이 스키'라고 한다. 바이 스키에 앉아 양팔을 가슴 앞에 모으고 보호 장구로 꽁꽁 묶었다. 몸을 구속하는 것 같기도 한 모양에 농담 삼아 "이대로 병원에 갇히는 건 아니겠죠?" 하며 웃었다. 그러다 꼼꼼하게 안전을 살피고 있던 외국인 코치의 "다치면 큰일 나니까 더 단단히 묶어요" 하는 소리에 겁도 났지만 설렜다.

각각의 개인 코치와 함께 리프트를 타고 올라갔다. 코치가 내 스키와 연결된 긴 끈을 뒤에서 잡고 큰소리로 방향을 지시하면, 나는 어깨의 힘으로 방향과 속도를 조절하며 지그재그로 활강해 내려왔다. 무서웠지만 진정으로 자유로웠다. 휠체어는 다리 같은 존재라고 생각했는데 한편으로는 족쇄 같은 것이기도 했던가.

첫 캠프는 시간이 부족해 초급자 코스에 머물렀지만 그대로 끝내고 싶지 않았다. 집에 와서 장애인 스키에 대해 알아봤다. '완전 신세계인데!'

몇 년 뒤 두 번째 캠프에서는 4박 5일간의 일정으로 훨씬 강도 높고 전문적인 강습을 받았다. 오랜만이라 초심으로 돌아가 처음부터 다시 배웠다. 장애인 스키 국가대표 감독님의 애정 어린 고함 소리와 내 담당 코치의 엄한 지도로 이틀 만에 초급자 코스를 떼고 중급자 코스로 올라갔다.

중급자 코스는 초급자와는 비교가 안 되게 높고 깎아지른 절벽으로 이루어져 있어 내려다보면 몸이 먼저 얼어붙었다. 무서워서 내려갈 수 없었다. 마음속으로 온갖 비명을 지르고 눈물을 흘렸지만 내색은 못하고 "조금만 쉬었다 내려가면 안 될까?" 했다가 코치의 콧방귀에 날아갈 뻔했다. 개인 코치와는 금방 친해져서 서로 눈치를 보거나 사양하는 예의 같은 건 금방 없어졌다. 남녀 코치들 중에 가장 엄격하고 체력이 강했던 나의 코치는 합숙소에서는 '언니, 언니' 하며 놀다가 코스 위에만 올라가면 아무리 비명을 질러도 뒤에서 고함 소리만 들려줄 뿐 봐주는 법이 없었다.

정상에 올라가면 무서워서 후회하다가도 내려가면 곧바로 올라가고 싶어지는 것은 무슨 조화인지 알 수 없었다. 한시도 쉬지 않고 오르내리다가 감독님을 만나면, 나를 보고 한탄인지 감탄인지 모를 고개를 내저었다.

"좀 쉬면서 해요. 선수들보다 더하면 어떡해요. 안 그렇게 생겨가지고 엄청 독종이야!"

나도 내가 이럴 줄 몰랐다. 중간에 큰 사고를 당해 우황청심환을 먹기도 했고 마지막 날 스키대회에 출전해서 2등을 하기도 했다. 눈 감고 싶은 순간이 너무 많았지만 눈 감고는 탈 수 없는 스포츠인지라 눈 부릅뜨고 후회 없이 배웠다.

세상은 온통 나를 비추는 거울

마음이 몸을 이끌어가는 것일까, 몸이 마음을 이끌어가는 것일까. 물론 몸과 마음이 소통하며 같이 가야 제일 편할 것이다. 나는 마음이 아닌 몸에 장애가 있기 때문에 그로 인한 좌절이 많다. 마음은 가자고 하는데 몸은 가지 못한다. 하자고 하는데 할 수가 없다. 마음으로 하는 것은 불가능하다고 생각해본 적이 드문데, 몸으로 할 수 없는 일들은 너무

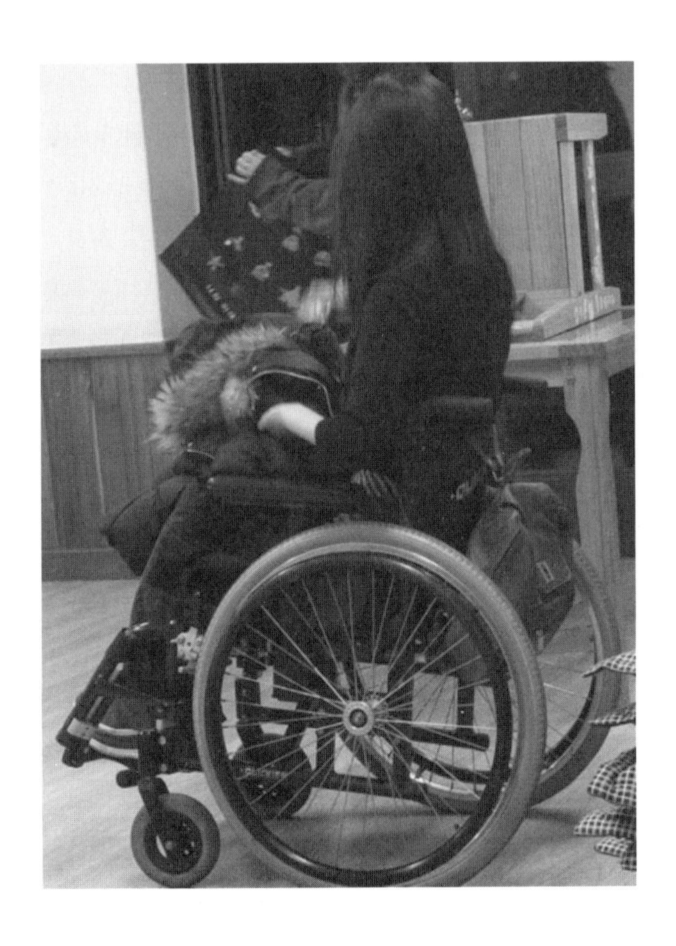

흔하다. 그래서 자연스레 몸으로 하는 일들을 동경하기도 한다. 춤을 춘다거나 운동을 한다거나 육체노동을 한다거나.

나보다 먼저 가능성을 찾아낸 사람들을 보면 말로 가르쳐주지 않아도 깨닫는다. 그 사람에게서 '할 수 있는 내 모습'이 보인다. 관객 앞에서 공연을 하고 자기 몸을 수줍어하지 않으며, 누군가의 시선 앞에서 강해지는 것도 먼저 그렇게 한 선배들을 보고 배웠다. 지하철을 타거나, 비행기를 타고 여행을 떠나는 것이나, 필요할 때는 택시를 부르는 일도 마찬가지다. 할 수 있는지 없는지 먼저 저질러보고 판단한다. 머릿속 계산만으로는 틀린 적이 많아서 먼저 저지르고 보는 게 나을 때가 많다. 혼자 영화나 공연을 보러 다니거나 서점에 가거나 낯선 타인에게 도움을 청하는 것도 어렵지 않다. 비장애인들만 있는 학원에 다니는 것도 문제가 아니다. 휠체어 탄 장애인을 배려하지 않는 시설은 때때로 큰 문제가 되지만 말이다.

내가 생각만으로 그쳤던 것을 삶에서 실천하는 사람들이 세상에는 굉장히 많다. 반면 어려운 일이 아닌데 생각만으로 안 된다고 그만두는 사람들도 많이 보았다. 모두가 과거와 미래의 나를 비추는 거울 같은 사람들이다. 저 사람은 할 수 있는데 난 왜 못하느냐고 비교하면서 누군가에게 자신을 투영하는 게 아니다. 가능과 불가능, 잘난 것과 못난 것으로 나누어 자신을 바라보지 않고 너는 너, 나는 나로 다르게 바라보는 것이 타인과 자신에 대한 최선이라고 생각한다.

세상에는 영원히 불가능한 것이 있다는 것을 잘 알고 있다. 물론 비장애인도 모든 것이 가능한 사람은 단 한 사람도 없을 것이다. 내 병은 결코 회복되지 않을 것이다. 앞으로도 계단을 오를 일이 없을 것이고 젓가락을 사용할 수도, 조깅을 할 수도, 라면을 끓일 수도, 피아노를 칠 일도 없다. 옷을 입을 때 단추를 채우기도 어렵고 세탁기에서 빤 옷을 꺼내지도 못한다. 하지만 불가능하다고 생각했던 것이 가능으로 바뀌는 것도 수없이 많았다. 바지의 지퍼를 올릴 수 있고, 장롱 문을 여닫을 수 있으며, 포크만 사용해서 생선 살을 깔끔하게 발라 먹을 수 있다. 수영을 배우기 위해 몇 년을 기다렸다가 장애가 심해서 안 된다는 거절을 무릅쓰고 테스트를 받고서야 겨우 배울 수 있었지만 금방 잘하게 되었다. 모두가 많은 연습과 설득을 통해 할 수 있었다. 아무리 하찮고 간단한 것이라도, 오랜 시간 기다려야 한다고 해도 괜찮다. 하나씩 조금씩 나를 찾아서 살다 보면 죽을 때쯤에는 인생을 완성할 수 있을 테니까.

공 · 감 · 하 · 기

낯선 타인에서 친근한 동료가 되기까지

▮ 공연 기획사 세라컴패니 대표 **김세라**를 만나다

"내가 들어가니까 기다리고 있던 사람들이 모두 일어나 날 보더군요. 사무실에는 그때까지 전화로만 소통하던 김세라를 직접 만나겠다고 공연 관련자들이 다 모여 있었어요. 과연 그 화통한 목소리의 여자 김세라는 어떻게 생겼을까, 어디 얼굴 좀 보자 이거였죠. 나중에 들으니까 잔뜩 기대하고 있었다고 하더군요. 근데 막상 절 본 사람들 반응이 어땠겠어요. 놀라고 당황해서 어쩔 줄 모르고 우왕좌왕해서는……. (웃음) 결국 15분 만에 회의도, 계약도 완벽하게 끝냈어요."

공연 기획사 '세라컴패니'의 김세라 대표가 강원도청 문화체육과 행사 기획을 맡았을 때의 에피소드다. 듣던 대로였다. 김세라 대표의 첫인상은 굽힘 없이 당찬 느낌이었다. 옆머리와 뒷머리를 각각 깔끔하게 땋아 올린 헤어스타일에 투피스 정장은 멋스러웠다. 당당한 CEO로서 빈틈없는 모습이 인상적이었다.

장애여성을 인터뷰하려고 했을 때 누구를 하면 좋을지 고민이었다. 그때 한 지인이 김세라 대표를 추천해주었다. 김세라 대표에 관해 아는

정보가 없어서 대체 어떤 여성인지 궁금했다. 평소에 지인의 폭넓은 인맥을 알고 있던 만큼 매력적인 여성일 것이라는 생각이 들었다. 인터넷을 검색하니 독특한 직업이 눈에 띄었다. 트렌디한 직업으로 손꼽히는 공연 기획사의 대표. 비장애인이 자기들만의 영역인 양 독선적으로 활개 치는 비정한 사회에서, 흔히 말하는 성공과 독립의 길을 걷고 있는 장애여성은 흔하지 않으므로 더욱 매력적이었다. 당장 전화로 인터뷰 요청을 했다. 시원시원한 목소리로 인터뷰를 수락한 김세라 대표와 만날 시간과 장소를 정했다.

날씨의 영향인지 만나는 사람들마다 기운 없이 늘어져 있을 때, 김세라 대표만은 활기가 넘쳤다. 1미터가 조금 넘는 키, 힘 있고 화통한 목소리, 생기 있는 표정의 김세라 대표는 뼈가 성장하지 않는 연골무형성증으로 '저신장장애인' 이 되었다. 저신장장애인은 다른 사람들에 비해 단순히 키가 작다는 것을 의미한다. 이 중에는 질병이 있는 사람도 있지만 대부분은 특정 질환이 없다. 부모의 키가 작은 가족성 저신장증 또는 체질성 사춘기, 즉 부모 형제와 마찬가지로 사춘기가 늦게 오고 키도 늦게 자라는 성장 지연이 거의 대부분을 차지한다.

그녀는 '한국작은키모임' 의 회장을 맡고 있다. 한국작은키모임은 2001년 정식 명칭을 정하고 모임을 만들었으며, 국내 저신장장애인의 권익을 보호하고 사회와 비장애인의 편견을 깨기 위해 다양한 활동을 하고 있다.

ⓒ 이남희 · 세상을 발 아래 두고

고객과의 첫 만남은 언제나 떨린다

공연 기획은 발로 뛰고 감각으로 승부해야 하는 일이다. 자기들의 행사를 치러야 할 공연 기획 대표로 낯선 작은 키의 여성과 마주했을 때 고객들의 반응은 어땠을까. 첫인상에서 갖게 되는 편견과 싸워야 했을 텐데 궁금했다.

"기획사를 차리고 초기엔 고객과 직접 만나지 않았어요. 일의 능력과 상관없이 저를 보면 사람들이 편견을 갖게 되거든요. 우선 동료를 보내 프레젠테이션을 하고, 일을 따내면 제가 전화로 세부 사항을 의논했어요. 그런데 강원도청에서 열린 행사를 맡게 됐을 때 계속 전화로 소통하다가 어느 날 그쪽 담당자들이 '이렇게는 못 하겠다' 고 하더군요. 아무래도 전화로만 이야기하는 건 못 미더웠던 거죠. '김 대표가 직접 와서 계약해라.' 그래서 직접 강원도로 갔어요."

처음으로 고객과 상견례를 하게 된 김세라 대표도 속으로 긴장했지만 강원도청 행사 담당자들은 그보다 더 당황했다. 안팎으로 얼마나 당황했는지 안절부절못하고 분위기는 어색했지만 김세라 대표 특유의 친화력으로 이야기는 잘 진행되었다. 그날은 잊을 수 없다. 행사도 성공리에 마쳐 결과도 아주 좋았다. 그 뒤로 강원도청 사람들과 친해져서 그쪽 일을 많이 했다. 그 일을 계기로 첫 미팅을 하면 김세라 대표가 직접 나가서 고객과 만나게 되었다. 그래도 고객과의 첫 미팅은 언제나 떨린다고 활짝 웃었다.

장애를 보지 말고 내 능력을 봐달라

대학에서 스페인어를 전공한 김세라 대표는 성적이 좋았지만 취직할 방법이 없었다. 저신장장애인에게 사회의 벽은 너무 높았다. 결국 교수님의 추천으로 편집디자인 일을 하게 되었지만 처음에는 동료들의 냉대로 직장 생활이 쉽지 않았다.

"(키가 작아서) 사람들의 엉덩이에 짓눌리는 만원 지하철보다, 엘리베이터 없는 건물의 5층 계단을 오르는 것보다 더 힘들었던 건 동료들의 무시와 냉대였어요. 인사도 안 받아주고 일도 가르쳐주지 않아 저도 지쳐서 인사를 하지 않게 됐는데, 출근 3일째 마음이 가라앉고 나서야 사무실 구조가 눈에 들어왔어요. 그때 깨달았어요. 내가 이틀 동안 출퇴근하면서 회사 구조가 낯설었듯이 저 사람들도 내가 낯설었겠구나. 새로운 물건도 낯선데 사람이라면 얼마나 낯설게 느껴질까. 저들에게 시간을 주자. 내가 눈에 들어올 때까지, 내가 익숙해질 때까지."

마음을 달리 먹으니까 여유가 생기고 다시 인사를 시작했다. 그러니까 한두 사람씩 돌아보며 인사가 오갔다.

"'안녕하세요, 김세라 씨. 커피 마실래요?' 별것 아닌 말이지만 진심이 느껴지고 사람들의 마음이 열리는 것이 느껴졌어요. 낯선 제가 동료들에게 익숙해진 거죠. 키가 작다고 나를 반대했던 사람들에게 보여주겠다고 생각했어요. 큰 키가 아니라 일로 능력을 보여주고 싶었어요. 정말 열심히 일했어요. 다른 사람들보다 더 일찍 출근하고 더 늦게 퇴근했어요. 몸이 아파도 내색하지 않았어요. 이미 일을 못할 것이라는 편견을 가지고 있는데 그 편견을 깨고 싶었죠. 나중에는 인정을 받았어요. 덕분에 장애인에 대한 이미지가 좋아져서 회사에서 장애인 한 명을 추가로 채용했어요. 지금은 일 관계로 만나는 사람들 대부분이 제 장애를 보지 않아요. 생각해보면 사회생활 초기에 어려웠던 시기는 타인들과 소통의 방법을 찾는 시기였어요."

사람들은 저신장장애인을 동화나 소설 속에 등장하는 비참한 장애인으로 여기곤 한다. 김세라 대표는 이런 사회적 편견의 대상에 불과한 장애인의 이미지에서 탈피하고 싶었다. 장애인이기 전에 능력 있는 전문가가 되고 싶었다. 일로 전문성을 보여주지 않으면 남들에게는 그저 장애인에 불과할 뿐인데 결코 그러고 싶지 않았다. 그래서 남들보다 몇 배, 몇십 배 더 노력했다. 몸을 돌보지 않고 야근을 밥 먹듯이 하며 편집디자이너로 능력을 인정받았다.

잘하는 일도 좋지만, 좋아하는 일이 정말 좋아

'세상은 넓고 할 일은 많다' 고 하지만 장애인에게, 특히 장애여성에게는 거의 해당 사항이 없는 말이다. 현실은 세상도 할 일도 바늘구멍만큼 좁다. 그런데 미개척지인 공연 기획 쪽 일을 시작하게 된 계기는 무엇이었을까. 전공을 살리고 좋아하는 라틴 음악 취미도 살릴 겸 한 극장의 라틴 페스티벌에서 스태프로 활동할 때였다. 그곳에서 만난 인연이 계기가 되었다.

“편집디자이너로 일을 하다가 우연히 알게 된 에콰도르 민속음악에 푹 빠지게 되었어요. 그 음악이 너무 좋아서 공연단과 계속 교류하면서 지냈는데 1999년에 아시아에서는 일본에 이어 한국에서 매니지먼트 의뢰를 제의받았죠. 많은 고민 끝에 그 제의를 수락하고 우리나라에서 첫 번째로 활동을 시작한 것이 강원도의 문화 행사였어요.”

그 문화 행사 기획을 계기로 공연 기획이 갖고 있는 매력, 즉 자신이 기획한 공연을 많은 사람들이 관람하고 행복해하고 즐거워하는 모습을 보며 김세라 대표는 큰 기쁨을 얻었다.

“숨겨진 내 감성과 끼를 발휘해서 창의적인 활동을 한다는 것이 너무 즐거웠어요. 그래서 편집디자인 일을 그만두고 본격적으로 이 일에 뛰어들었죠.”

2003년도에 ‘세라컴패니’를 만들고 본격적으로 사업을 시작했다. 그 뒤 해외공연 팀뿐만 아니라 국내 아티스트들의 공연 프로그램 배급 및 매니지먼트 등 공연에 관한 전반적인 활동을 하는 엔터테인먼트 회사로 성장했다.

행사 기획에서부터 피날레 현장까지 김세라 대표가 움직이고 지휘하고 있는 것을 상상해보았다. 특별한 주장을 하지 않아도, 사람들에게 김세라 대표가 일하고 있는 모습을 보이는 것만으로도 편견을 깨뜨리고 있는 것은 아닐까. 거리에서 피켓을 들고 시위하는 것도 중요하다. 하지만 일상에서 묵묵히 일하고, 거리를 돌아다니고, 장을 보거나 백화점에서 쇼핑을 하는 등, 일상적인 사회생활을 하는 장애인의 존재감을 보여주는 것 역시 편견과 소외에 맞서는 훌륭한 방법이다.

'세라컴패니' 에는 여섯 명의 동료가 있지만 아직까지는 장애인 동료가 없다(김세라 대표는 직원이라는 말은 싫다며 동료라고 고쳐 말했다).

"후배들이 자신감을 가지고 사회로 나왔으면 좋겠어요. 우리 저신장 장애인은 다른 장애인에 비해 더 (사회적 편견이 심해서) 사회 진출이 어려워요. 그래도 용기를 가지고 적극적으로 나와야 해요. 험한 말을 듣는 건 한 번의 상처에 불과해요. 하지만 세상엔 어둠만 있는 게 아니니까 깨고 나와서 자신을 표현하면 모든 게 달라져요."

저신장장애인의 사회 진출의 어려움은 외모에서 오는 차별과 편견이 가장 큰 원인이다. 키가 작다는 것을 제외하면 저신장장애인은 또 다른 신체적 장애가 없는 경우가 많다. 저신장장애인 당사자는 장애에 구애받지 않고 능력껏 일할 수 있다고 생각하는데 사회적 조건은 기회조차 주지 않고 소외시킨다. 외모지상주의 사회에서 외모로 인한 차별의 강도는 여타 장애인보다 강하면 강하지 덜하지는 않을 것이다. 조세희의 『난장이가 쏘아올린 작은 공』과 그림형제의 『백설공주』, 벨라스케스의 그림 〈시녀들〉에 이르기까지 수많은 예술작품 속에서 저신장장애인이 받는 차별과 왜곡된 모습만 보아도 쉽게 짐작할 수 있다.

공연 기획 일은 쉽지 않다. 몸으로 뛰고 체력으로 승부하고 고객에게 신뢰를 얻는 것은 필수불가결이다. 그러나 김세라 대표는 "일을 즐길 줄 알고 용기 있는 후배라면 얼마든지 받아들이고 같이 나아가고 싶다"고 말한다. 그러기 위해서 회장으로 있는 '한국작은키모임'에서도 적극적으로 활동하며 후배들을 위해 장학회도 후원하고 있다. 김세라 대표는 후배들의 사회 진출을 위해 무엇보다 장애 인식 개선 교육이 필요하다고 강조했다.

"성인보다 유아 및 초등학교 저학년부터 장애 인식 개선 교육을 해야 효과가 커요. 그렇기 때문에 어린이를 대상으로 하는 장애 인식 개선 교육에는 꼭 참여해요. 어린이들에게 세상에는 큰 사람, 작은 사람, 또 여러 종류의 사람이 있다고 말해주고 저 자신을 보여줘요. 익숙해지는 게 중요하니까요. 많이 만나고 자주 접하다 보면 스스럼없어지고……. 절 보면 아이들은 사심 없이 물어요. 왜 이렇게 키가 작아요? 그럼 어렸을 때 햄버거만 먹어서 못 컸다고 말해주죠. 아이들의 눈높이에 맞춰 설명해주면 아이들은 잘 알아들어요. '아~ 난 햄버거 조금만 먹어야지!' 하고 대답해요. 아직 편견이 없을 때, 있어도 딱딱하게 굳지 않았을 때 자연스럽게 다가가 알려줘야 해요. 장애인, 비장애인 모두 이상할 것 없는 것이라고요."

장애인이라서 그런 것이 아니다. 키가 작아 시선이 낮다고 시야가 좁은 것은 아니다. 약 1미터 높이의 휠체어에 앉아 있는 나도 세상을 보는 시야와 시선의 높낮이는 아무 상관이 없다는 것을 알고 있다. 능력 차이와 장애 유무도 아무 상관이 없다. 성격이 좋든 나쁘든, 유머 감각이 있든 떨어지든 마찬가지다. 모든 차이는 사람과 환경의 차이지 장애가 있고 없고의 차이가 아니다.

사교적인 웃음과 장난기가 묻어나오는 김세라 대표에게 장애는 뛰어넘을 수 있는 장애물이라고 느꼈다. 인터넷을 검색하다 보게 된 그녀의 오래전 말이 인상적이다.

"내 능력과 내 개성이 쌓여 누군가에게 어필하면, 내 장애나 외모는 보이지 않아."

겉모습으로 그 사람을 판단해서는 안 된다는 것, 장애는 장애인 당사자의 불편함일 뿐이지, 사회 속에서 차별과 편견의 원인이 되어서는 안 된다.

몸, 말 Ⅲ_

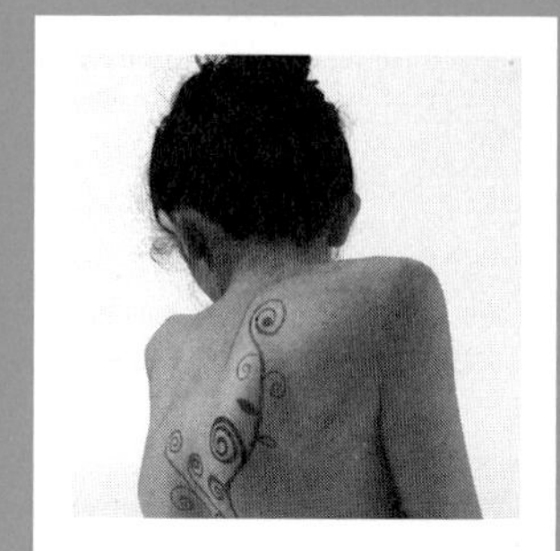

강
다
연

말 · 하 · 기

솔직하게, 담담하게

"그때가 좋았다"고 말할 수 있는 사람들이 부럽다. 그렇게 회상할 만큼 좋은 일이 있다면 한때나마 행복했다는 뜻이니까. 그렇지 않더라도, 안 좋은 기억만 선택해 지워버리는 편리한 능력이 있는 것이니 말이다. 몸과 관련한 나의 생각과 기억을 되돌릴 때마다 명치끝이 아프고 토할 듯 머리가 어지럽다. 그동안 살면서 겪은 우울한 사건과 아픈 깨달음을 다시 직시하려니, 차라리 다시 태어나고 싶었다. 난 그저 살아가기 위해 많은 것을 덮어왔구나. 많은 것을 잊은 척, 괜찮은 척했구나. 하지만 전혀 괜찮지 않았구나.

죽음에 대해

나는 골형성부전증이라는 선천적 질병을 가지고 태어났지만, 장애도 질병도 없는 다른 아이들처럼 부모님께 많은 사랑을 받고 자랐다. 비장애인 동생이 부모님의 관심을 장애인 누나에게 뺏겼다며 비뚤어진 일도 없었고, 나와 동생은 사이좋게 잘 지냈다. 해마다 군 복무하듯, 꼬박꼬박 최소 두 달씩은 병원에 입원해 때론 한여름에도 전신 깁스를 하고 지냈어도 외롭거나 아프거나 힘들지 않았다. 학교에 자주 빠졌지만 또래 친구들과 소원했던 적도 없다. 학교 선생님들도 '장애 학생이지만 일반 학교에서 가르치므로 다른 학생들과 똑같이 대해야 한다'는 확고한 원칙을 가지고 12년 내내 평등하게 대해주셨다. 학교에는 쭈그리고 앉아 용변을 보는 방식의 변기밖에 없었다. 하지만 불편해하는 나를 위해 특별히 좌변기를 설치해, 배탈이 나도 걱정 없었다. 생리대를 교체하는 일도 내겐 전혀 부담스럽지 않았다. 덕분에 나는 학업에만 전념할 수 있었고, 특별히 논란을 일으키지도 않으며 눈에 잘 띄지 않는 평범한 중고등 학생으로 자랄 수 있었다.

위에서 말한 내 어린 시절의 이야기는 모두 실제와 반대이다. 글은 말보다 훨씬 압축적이기에 같은 분량을 뽑아내도 더 많은 양의 고통이 녹아 들어간다. 그래서 사진의 반전(invert) 효과처럼, '내 몸의 과거는 이랬으면 좋겠다.'

아, 이런 무난한 삶이 언제든 내게도 가능할 수 있을까. 내가 노인이 되면 어차피 주위 사람들도 다 노인이라 어디 한 군데쯤은 크게 아픈 곳들이 있을 테니 그땐 내 장애가 조금 가려질까. 하지만 난 아주 어릴 때부터 자살을 생각했던 것 같다. 내게는 항상 마지막 선택이었다. 늙어서 자연사할 때까지 이 아픈 몸을 끌고 갈 자신도 없고, 어쩐지 난 오래 살지 못할 것 같다는 미신적인 예감도 있다. 어쩌면 미신보다도 더 근거 없는 바람일 수도 있다. 삶을 적극적으로 끌어갈 동기가 있다면 언제든 달라졌을 수 있겠지만 나는 아직도, 내일이라도 죽음을 꿈꾼다.

그도 그럴 것이, 골형성부전증은 뼈가 유리처럼 약해서 잘 부러지는 게 특징이다. 사춘기 때 성호르몬 분비와 함께 뼈가 튼튼해져 부상의 위험은 덜하지만, 잦은 골절에 의해 2차 질병이나 장애를 입기도 쉽기 때문에 어느 나이에도 건강을 보장할 수 없다. 지금의 나는 걷지 못해 휠체어를 타는 것은 물론, 관절염을 심하게 앓고 있어 벌써 수년째 진통제 없이는 하루도 지탱하지 못한다.

모든 것이 새로운 '생명' 으로 차오르는 어느 예쁜 봄날에도 난 가로등과 한강을 내다보며 커트 코베인, 엘리엇 스미스처럼 자살한 아티스트들의 음악을 들었다. 햇빛이 사라져가는 초저녁, 그들의 분노와 우울이 과하단 느낌도 들었지만 음악을 끄기 싫었다. 어쩌면 우울이나 슬픔 등의 상태에 익숙해져 있는지도 모른다. 한 지인은 이런 나를 보고 '중2병' 이라고 놀리기도 한다. 그러고 보면 정말 중학교 2학년 때 도스토예프스키의 『악령』을 읽은 후부터일까. 언제부터 자살을 아무렇지도 않게 생각하기 시작했는지는 모르겠다. 더 정확히 말하자면 사람들이 왜 자살을 금기로 여기는지, 왜 그렇게 자살을 죄악시하는지 이해할 수 없다. 감정적으로나 논리적으로도 태어난 건 내 의지가 아니었지만 세상을 뜨는 시간을 내가 결정할 수 있다고 생각하면, 오히려 삶이 더 내 것 같아지는 느낌이다.

피임약으로 출생을 컨트롤할 수 있는 세상에서 죽음을 컨트롤하지 말라는 이유는 뭘까. 오히려 삶의, 세계의 불확실성에 저항하는 가장 상징적인 방법이 아닌가. 새나 개와 같은 동물들도, 자기가 원하는 방식으로 삶이 흘러가지 않을 경우 먹는 것을 거부해 자살하기도 한다. 사람이라고 그러지 못할 건 없다. 한 사회에서 생산력을 가진 인구가 줄어드는 것을 방지하기 위해 자살에 대한 금기가 생겨났다는 해석을 방패 삼지 않을 테니, 스스로 내 삶의 끝을 결정하는 것이 자연스럽지 않은 이유를 누군가 말해주면 좋겠다. 남겨진 사람들에게 못할 짓이라지만 어차피 자연사를 하더라도 그들과 한 번은 헤어지게 돼 있다. 오히려 남겨지는 사람들에게 묻고 싶다. 사랑하는 사람이 원하지 않는 삶을 질질 끌고 가길 원하느냐고, 그저 당신과 함께 있기 위해서.

자살을 충분히 예고한 딸이 어머니가 계신 옆방에서 스스로 목숨을 끊는 내용의 연극이 있다. 딸은 간질 때문에 결혼 생활도 실패하고, 일도 제대로 할 수 없었다. 그녀는 병을 앓으며 젊음과 기회를 잃어갔다. 딸을 당신의 소유물로 생각하는, 참견하고 잔소리하는 것이 애정 표현의 방법이라 생각하는 어머니와 근근이 살아갈 뿐이다. 그녀는 권총 자살을 준비하며 '버스를 탔는데 사람이 너무 많아 서 있는 것조차 힘들다면, 목적지까지 가기 전에 버스에서 내릴 수도 있다' 는 비유를 들어 어머니를 설득한다. 난 그 작품을 엄마와 함께 보면서도 눈물 한 방울 흘리지 않았다. 딸 역을 맡은 배우가 자기 연민이 넘쳤다. 지난 삶을 돌아보며 꺼이꺼이 울고, 또 운다. 하지만 실제로 그렇게 자기 연민이 많은 사람은 자살할 수 없을 거라는 걸 안다. 그녀는 자신이 너무 가엾고 안타까워서 죽을 수 없을 것이다.

하지만 자기 연민 따위 중학교 2학년 때 버리고, 나이 들어 다시 생겨나는 것을 제일 두려워하는 난 아직 여기 살아 있다. 가끔 내가 정말 모든 것을 버리고 훌쩍 저 세상으로 떠나버릴까 봐 걱정하는 사람들이 있다. 마음이 돌아서는 순간, 오랜 인연도 칼같이 잘라내는 냉정한 성격이 그런 인상을 주는 모양이다. 하지만 어릴 때부터 자살을 시도했다 실패한 사람들을 많이 봐왔고, 나 자신을 포함해 누구에게든 물리적 위해를 가할 수 있는 사람이 아니다. 한순간 육체의 엄청난 통증을 감당하느니 정신적으로 고통받으며 사는 편을 택하겠다. 자살을 시도했다 실패하면 삶의 무게가 제곱으로 뛴다는 것도 알고 있고, 죽음을 간절히 원하는 사람에겐 오히려 죽음이 찾아오지 않는다는 것도 알고 있다. 듣는 사람에게 전염될 만큼 깊은 우울과 절망을 노래했지만 록그룹 라디오헤드의 톰 요크는 삶을 계속해가고, 엘리엇 스미스는 진작 죽었다. 어쩌면 나는 전자의 방식으로 자학을 하는 것인지 모른다. 그저 나 자신이 싫어서.

장애 그리고 여성

죽음의 신 하데스는 빼어난 미남이었다고 한다. 도어즈의 보컬 짐 모리슨의 목소리를 듣다 보면 하데스가 딱 이런 목소리를 가지고 있지 않을까 싶다. 부르면 대답하고 싶은 목소리, 손짓하면 따라가고 싶은 매력. 그래야 지하 세계에도 자발적으로 찾아가는 손님이 있겠지. 죽음을 동경하는 사람들은 그리스 · 로마 신화 이전부터 있었다는 이야기다. 여기 말고 다른 곳, 지금 말고 다른 시간을 절박하게 찾다 보면 죽음이 유일한 돌파구일 때도 있다. '자살'을 거꾸로 하면 '살자'라느니, 죽을 용기로 살라느니 하는 소리는 서로에게 아무런 보탬이 되지 않는다. 오이디푸스가 위대한 건, 그 모든 일을 겪고도 자살하지 않고 끝까지 살아나갔기 때문이다. 하지만 그에게 그것만큼 무서운 형벌이 없기 때문이기도 했다. 누군가가 생을 '형벌'이라고 생각하며 살아나가길 바라는가.

어차피 누구나 한 번은 죽는다. 삶의 일부분이거나, 다른 이름이거나……. 『누가 내 머리에 똥 쌌어?』의 삽화가 볼프 에를부르흐가 그린, 『내가 함께 있을게』라는 동화책이 있다. 오리와 죽음이 주인공이다. 뮤지컬 〈엘리자벳〉에도 역시 죽음이 의인화되어 등장하는데, 주인공인 엘리자벳을 어릴 때부터 지켜보며 끝까지 함께하는 역할이다. 삶의 한 부분에 늘 죽음이 있다는 뜻이다. 이런 죽음을 터부시하거나 두려워하는 것은 생을 직시하지 못한다는 뜻일지 모른다.

난 이렇게 죽음에 대해서 계속 생각하고 그것을 표현하는 방식으로 죽음에 대한 열망을 해소하는지도 모른다. 짐 모리슨은 스물일곱에 죽었지만 난 이미 30대 초반이다. 죽음을 적극적으로 준비하고 있진 않다. 내일 죽을지도 모르니 통장 잔고를 깨끗이 비워놓는 것과(어차피 저축을 할 만큼 돈을 벌지도 못하지만) 발암물질이 든 음식을 찾아 먹는 정도이다. 노력하지 않아도 죽을 때가 되면 저절로 죽는다. 그 시기가 빨리 오길 바랄 뿐이다.

어쨌거나 내가 이렇게 죽음을 간절히 원하는 건, 첫째로 통증 때문이다. 간혹 숨을 쉬지 못하거나 몸을 일으킬 수 없을 만큼 격렬한 통증에 시달린다. 평소에 시큰거리거나 욱신거리는 정도의 통증은 통증으로 인식할 수 없을 정도다. 몸이 아프다 보면 우울한 기분이 들게 마련이고 좋은 일이 생겨도 위안을 받지 못한다. "이렇게 살아서 뭐하나" 싶기도 하다. 그리고 내가 나를, 특히 '내 몸'을 싫어하기 때문이다. 그래서 내 몸이 죽었으면 좋겠다.

생명을 가진 모든 것은 사랑받길 원한다. 하지만 난 나를 비롯해 누구에게도 사랑받을 수 없는 몸이다. 여성이지만 여성적인 매력이 있기는커녕, 괴물에 다름없는 몸이라 생각했다. 그래서 마음에 드는 이성이 나타났을 땐 설레거나 기뻐하기보단 절망했다. 어차피 그는 나를 사랑하지 않을 테니까. 내가 나를 사랑하지 않기에, 누군가가 나를 좋아할 수 있다는 걸 이해하지도, 받아들이지도 못했다. 과거형으로 썼지만 지금이라고 크게 다르진 않다. 연애와 함께 자존감이 높아지는 장애여성들이 많다는데, 난 날 좋아한다는 남자들을 믿지 않는다.

이런 내게 생리는 무엇보다 불필요한 현상일 뿐이었다. 엄마가 되고 싶지도 않고, 될 일도 없는데 한 달에 한 번씩 꼬박꼬박 찾아오는 생리와 생리통은 아프고 귀찮기만 했다. 내가 중 · 고등학교를 다닐 땐 학교 화장실에 좌변기가 없어 6년 내내, 등교하고부터 하교할 때까지 1일 1 생리대였다. 화장실에 접근할 수가 없으니 생리대도 교체할 수가 없었다. 엄마가 도와주고 싶어도 물리적으로 가능한 일이 아니었고, 학교에선 나 하나 때문에 좌변기 공사를 할 생각은 전혀 없었다. 용변은 참을 수 있었지만 생리 때가 문제였다. 집으로 갈 땐 교복에 커다란 핏자국을 묻히고 도망치듯 엄마 차에 올랐다. 심지어 엄마에게도 이 일은 신기한 가십거리였다. 동네 아주머니들에게 '장애인 딸의 생리 뒤처리가 이렇게 힘들다' 라는 좋은 예시가 되어 여기저기 퍼졌다. 그때의 수치스러움과 괴로움은 방금 베인 상처처럼 지금도 생생하게 기억난다.

학교에서도, 집에서도 '넌 여자니까 어떻게 해야 한다' 는 의무는 없었다(말 잘 듣고 얌전한 모범생이어서 그랬는지, 장애인이라 여자로 여기지 않은 것인지는 모르겠다). 여자라서 특별히 좋은 것도 없었다. 여성도 남성도 아닌 그저 '불쌍한 장애자'로 보이기는 싫어 옷은 과도할 만큼 여성적으로 입는다. 리본, 시폰, 프릴, 비즈 등 웬만한 사람이면 결혼식에 갈 때나 입을 옷들을 아무렇지도 않게 일상에서 걸쳐댄다. 사실 그렇게 하지 않아도 휠체어 때문에 어차피 튀는데, 큼직한 리본 하나 머리에 달지 않는다고 거리에서 시선을 덜 받는 것도 아니다. 이렇게 하고 다녀도 세상이 나를 여성으로 보는 건 또 아니다. 물론 외모는 누가 봐도 여성이니 여자 화장실에 들어간다고 놀라는 사람은 아무도 없지만 나를 '좋은 여자'라고 외로운 친구에게 소개해줄 사람 역시 아무도 없다. "괜찮은 여자 친구 좀 소개해달라"는 부탁들은 염치없이 많이 해도, 누군가 내게 좋은 사람을 소개해주겠다는 친구는 없었다. 친구들조차 나는 한 남성의 연인이나 아내로서는 부족한 여자라고 본다.

하지만 성범죄에 대한 공포는 언제나 있었다. 여성으로서 사회적 관계를 맺기엔 부족한 상대라도 성욕을 채우기에는 만만한, 그저 '암컷'인 모양이다. 대학 신입생 때 술자리에서 내 옆에 밀착해 온몸을 더듬던 선배부터, 침 맞으러 갔다가 침 뱉고 나왔던 한의원의 한의사까지 크고 작은 성희롱, 성폭력 위협은 시간과 장소를 가리지 않았다. 뿐만 아니라 기혼 남성들의 '세컨드' 제안은 내가 겨우 그것밖에 안 되나 싶은 자괴감이 들게 한다. 그것은 내 성격상의 특징 때문일 수도 있으나, 장애 탓이 더 큰 것 같다. 여성으로서 매력이 있다 해도 가사나 육아가 가능할 것 같지 않은, 연약한 몸이니까. 동시에, 누군가 폭력을 가해도 저항할 수 없는 몸이기도 하다.

어쨌든 스스로도 몸에 자신이 없기 때문에, 사랑하는 사람과 섹스를 할 때조차 내 몸을 다 보여주지 않는다. 어차피 말이나 글로 전달하는 언어에도 장벽이 있는데, 몸으로 전하는 언어라고 이 정도 장벽쯤 누군들 없을까 싶다……. 맞다, 이건 그저 허세다. 있는 그대로의 내 몸을 보고 놀라거나 실망할까 봐 두렵다.

지금 모습 그대로

골형성부전증은 유전병이다. 예전엔 아이에게 병이 유전될까 봐 결혼과 출산을 기피하는 사람들이 있었다. 하지만 이젠 의학이 발달해서, 착상 전 유전자 진단법으로 질병이 없는 아기를 낳을 수 있다. 임신부터 출산까지의 과정을 다큐멘터리로 찍었던 엄지공주 윤선아 씨가 대표적이다. 동일한 질병을 가진 일본인 활동가 아사카 유호 씨를 만났을 때, 그녀는 내게 "결혼과 출산을 꼭 해보라"고 강력하게 권유했다. 힘들지만 행복한 경험이 될 거라면서. 그녀의 외동딸 역시 골형성부전증을 가지고 태어났고, 그 병을 가지고 사는 삶의 몫은 온전히 딸의 것이라는 이야기도 함께 해줬다.

하지만 정말 그러고 싶지 않다. 일단 나를 닮은 새로운 생명이 태어나는 게 무섭다. 병이 있건 없건, 나처럼 까다롭고 예민하며 상처받기 쉬운 인물은 이렇게 무감각하고 사납고 경쟁적인 세상에서 살아가기 힘들다. 부잣집에서 어려움을 전혀 모르고 자라지 않는 이상 세상은 누구에게나 불공평하고, 모든 사람이 행복하게 살 수 있는 곳이 아니다. 게다가 난 모성 본능이 강하지 않은 사람인 것 같다. 아기들을 봐도 예쁜지 잘 모르겠다. 놀아주거나 돌봐주는 법도 모른다. 어릴 때 부모님의 불화를 보고 난 후 결혼도 하지 않고 아이도 낳지 않겠다고 결심했다. 부모님만큼이나 나도 불행했기 때문이다. 하지만 사람들은 그저 내가 '장애여성'이라 결혼하지 못하는 것이라고 생각할 것이다.

내가 접근할 수 없는 몸의 언어인 '춤'에는 관심이 많다. 어릴 땐 다시 태어나면 무용수가 되고 싶다고 꿈꿨다. 지금은 아예 다시 태어나지 않길 바랄 뿐이지만. 발레 공연을 보며 너무나 이상적이라 오히려 비현실적인 몸매의 무용수들에게 매혹되는 동시에, 자괴감에 쌓이기도 한다. 손끝까지 섬세하고 완벽하게 컨트롤되는 그들의 몸에 비하면 내 몸은 너무나 열등하고, 추하고, 쓸모없는 것처럼 느껴진다. 그럼에도 다소 관음증적인 이 취미를 그만두진 않고 있다. 나의 열등감과는 상관없이 춤은 그 자체로 아름답기 때문이다.

난 아름다움이 상대적이라고 보지 않는다. 굽어지고 휘어진 내 몸도 아름다울 수 있다고 믿는 게 정신 건강엔 훨씬 좋겠지만, 장애운동을 하면서도 "여러분의 미의 기준은 획일화, 공식화되어 있습니다. 장애인의 몸도 그 자체로 아름답습니다"라고 주장할 수가 없다. 진심이 아니기 때문이다. 물론 아름답지 않아도 긍정하고 존중하고 좋아할 수는 있다. 아름다운 것들이 언제나 좋지만은 않듯, 좋은 것들이 다 아름다울 필요도 없다.

중요한 건 아직 내가 자신을 온전히 긍정하지 못한다는 사실이다. 난 아름다운 것을 좋아하므로 내 기준에 아름답지 않은 내 몸을 좋아할 수 없다. 온몸이 갑자기 모델처럼 곧게 펴질 일은 없을 테니, 미의 기준이 급격히 변하지 않는 이상 앞으로도 그럴 것 같다. 내일은 뭔가 조금이라도 나아지겠지 기대하는 일도 없고, 장애운동을 하면서도 긍정적인 미래를 꿈꾸기보단 '지금' 내가 할 수 있는 일, 해야 할 일을 한다는 생각이다. 행복하지 않지만 그러면 또 어떤가. 행복한 사람에게도 불행한 사람에게도 시간은 똑같이 흐른다. 이것이 솔직한 내 생각이다.

강 · 점 · 찾 · 기

아픔과 불편을 견뎌준 몸

파탄 난 연애의 이유

태어나 처음으로 연애라는 걸 시작했을 때서야 비로소 내 몸을 진지하게 돌아봤을 것이다. 애인에게 섹시하게 보이고 싶은데, 이 몸으로는 도저히 섹시한 분위기가 나지 않았다.

지금 생각해보면 그 사람이 여자 친구에게 바란 건 '섹시함'이 아니었다. 나는 어떻게 꾸며도 섹시해 보이는 타입이 아니었는데, 더 사랑받길 원했던 나는 다른 비장애인들처럼 짧은 스커트를 입고 예쁜 다리를 뽐낼 수 없는 내 몸을 미워하고 원망했다. 여기서 변명을 하자면 이 세상 사람들은 결국 '같이 자고 싶은' 누군가가 되는 것, 또 그런 누군가를 찾는 것에 혈안이 되어 있지 않은가.

자기 자신을 사랑하지 못하는 사람의 연애는 오래 지속되지도 못하고, 좋게 끝나지도 않는다. 당시 나는 파탄이 난 연애의 원인을 외모지상주의로 돌렸으며, "Love is suicide!"라는 노래 가사를 손목에 문신으로 새길까도 생각했다. 맞다, 이 정도면 피해망상 수준이다.

지금도 나는 내 몸을 사랑하지는 않는다. 그 이후의 연애들도 해피엔

딩이 아니었다. 철이 든 탓인지 이젠 실패한 내 연애들이 장애나 외모 탓이라고는 생각하지 않지만 여전히 나는 장애인이고, 어릴 때부터 계속된 병원 생활로 바람 부는 언덕의 소나무처럼 굽고 휘어진 내 몸을 거울에 비춰 보며 자학할 때도 있다.

장애여성의 '강점 찾기'에 대해 생각하자니 못생긴 나무는 산이라도 지키지, 세계적인 톱모델 지젤 번천의 몸매를 기준으로 하면 여자 축에도 못들 내가, 장애여성이기 때문에 가지는 강점이 뭐가 있을 것인가.

장애를 가진 몸의 '강점' 찾기?

내가 장애인이라는 이유로, 사람들은 나의 외적인 면이 아닌 다른 부분에 장점이 있을 거라 생각하고 그것을 찾아낼 준비가 되어 있는 것 같다. 사실 알고 보면 그런 건 없다. 장애인이라고 비장애인보다 빛나는 정신을 가지고 있을까? 그냥 운 없게 장애라는 불편을 떠안은 사람일 뿐 나머진 다 똑같다. 하지만 신체 기능을 잃은 만큼 영적 보너스(?)를 얻었을 법한 신비감이 내 몸 어딘가에서 풍겨 나오는 모양이다. 그럴 때 입을 열어 내 실체를 까발리지만 않으면 비장애인보다 좋은 쪽으로 깊은 인상을 남길 수 있다. 이런 점이 강점이라면 강점이다.

하지만 이런 일로 "어때? 장애여성으로 사는 것도 꽤 근사하지?"라고 뽐낼 생각은 없다. '강점'을 찾으려면 먼저 나와 남을 비교해야 한다. 그리고 어쩌면 이 경우엔, 장애인인 내 몸이 비장애인보다 열등하다는 것을 전제하는 걸지도 모른다. '그럼에도' 내가 당신보단 이런 점이 낫다고, 스스로를 위안하는 걸지도 모른다. 수영복을 입고 신체 사이즈를 비교해 1등을 뽑는 미인대회를 환영하지 않을 만큼 우린 현명하다. 그런데 장애여성과 비장애여성의 몸을 비교하다니…… 그럴 필요가 있을까?

잠시 장애인과 비장애인의 상황을 떠나서 생각해본다. 아이를 둘 낳은 엄마들의 몸이 다 똑같지는 않다. 어떤 사람은 살이 많이 찌기도 하고, 또 어떤 사람은 오히려 출산 전보다 날씬해지기도 한다. 비만이 죄악시되는 사회이지만, 난 후자의 몸이 더 우월하다고 생각하지 않는다. 외부 환경과 영양 상태에 맞춰, 좀 더 잘 살아남을 수 있도록 몸이 변한 것이다. 그러므로 몸은 사람마다 다를 수밖에 없다.

내 영혼의 좌표를 찍어준 몸

장애 때문에 변형되는 몸들도 마찬가지다. 앉아서만 생활하다 보면 척추가 굽고, 배도 나오고, 부러진 뼈를 잘못 맞춘 경우엔 팔다리도 휜다. 그런 상태가 모두 비정상이고 건강하지 못한 것일까. 그렇게 될 수밖에 없었던 내 몸을 그대로 이해하고 보듬어주는 건 어떨까. 아무도 장애인인 날 건강하다고, 섹시하다고 생각하지 않는다 하더라도 말이다.

어린 왕자가 자기 별로 돌아가기 위해 무거운 몸뚱이를 지구에 버렸던 것처럼, 나도 내 불편한 몸이 짐스럽다고만 생각했다. 하지만 생각해보면 그렇게 버리고 싶어 했던 내 몸은 이 넓은 공간에서 내 영혼의 좌표를 콕 찍어주고, 내가 살아온 세월만큼 아픔과 불편을 견뎌왔다. 비장애인뿐만 아니라 그 누구와 비교하지 않더라도, 굳이 장점을 찾으려 하지 않더라도, 존중받고 보살핌 받을 필요가 있다. 드러내어 자랑하고 싶은 몸은 아니지만, 내 삶에 꼭 맞춰진 세상에 하나뿐인 몸이기 때문이다.

이·중·의·태·도·갖·기

당신들의 호기심과 나의 선택 사이

시답잖은 '연애'라는 테마

장애인들과 함께 있으면 이런 이야기를 자주 듣는다. "다연 씨, 연애 안 하세요? 어떻게 그 미모에 남친이 없을 수가……." 그런데 비장애인들과 함께 있으면 이런 이야기를 듣는다. "……" 아니, 듣긴 뭘 들어! 사실 그들은 아무도 내게 남자 친구가 있는지 관심조차 없다. 서른이 넘어도 결혼하지 않느냐고 걱정하는 체해주지도 않는다. 당연히 못할 거라 여기기 때문이다.

날 잘 모르는, 그리고 장애인과 이야기를 나눠본 적이 별로 없는 비장애인들은 내가 서른이 넘었는데도 연애 경험이 없거나 여태 키스 한 번 못 해본 동정녀일 거라고 믿는다. 또는 남자가 없어서 너무 외롭기 때문에 장애인이든, 비장애인이든 꾀면 쉽게 넘어갈 것이라고 여긴다.

서른 전에 몇 번 연애해봤지만 이젠 감정이 잘 안 생긴다는 이유로, 또 혼자가 편하다는 이유로 꿋꿋이 솔로의 길을 가고 있는 여성이 이 나라에 나 혼자만은 아닐 것이다. 내 장애를 너무 확대 해석하는 것 같아 나와 내 휠체어는 억울하다. 물론 내가 장애인이라는 특수 상황도 분명 큰 영향을 미쳤다. 연애나 결혼이라는 테마가 즐겁지만은 않은 나이이지만, 장애 '여성' 으로서 나의 몸을 생각하면 빠트릴 수 없는 문제이기도 하다.

연애하지 않는 이유

서른 줄에 들어선 솔로로서 연애가 싫은 건 물론 아니다. 로즈데이에 사람 많은 거리에서 장미꽃을 들고 누가 보기에도 굉장히 설레는 얼굴로 상대를 기다리는 남자를 볼 때면, 아무 이유 없이 가슴이 뛰는 봄바람을 맞을 때면, 다정하게 손잡고 가는 연인들이 예뻐 보일 때면 나도 연애하고 싶다.

몸의 욕구도 있다. 여자는 이맘때부터 성욕이 올라간다고 어디선가 주워들었는데, 생각해보면 난 어릴 때도 성욕이 강했던 것 같다. 아니, 다른 사람보다 강하진 않더라도 적어도 내 성욕에 솔직했던 것 같다. 하지만 성욕을 채우려고 연애할 수는 없다. 몸이 원한다고 해서 별로 마음에 안 드는 상대와 섹스할 생각 역시 없다.

'연애는 타이밍이다' 라는 말에도 동의하지 않는다. 내가 지금 외롭건 아니건 간에 마음에 드는 남자와 만나고 싶다. 애인이 없으니 '이 정도면 됐지!' 싶은 남자를 만나는 게 아니라 '이 사람 아니면 안 되겠어!' 싶은 남자를 만나야 연애가 가능하다.

그런 사람이 간혹 나타난대도 연애를 안 하는 가장 큰 이유는 다른 많은 솔로들이 그렇듯이 역시 귀찮음이다. "어디야? 뭐해?" 같은 일상적인 전화를 받기 귀찮고, 혼자 영화 보고 밥 먹는 일에도 이미 익숙해진 지금,

새삼 누군가와 일부러 시간을 맞추고 기다리고 만나는 것 역시 상당히 귀찮은 과정이다. 공통의 관심사도 찾아내야 하고 밀고 당기기도 잘해야 한다. 게다가 아프다고 하면 걱정도 해줘야 하고 매력적으로 보이기 위해 계속 노력해야 하고……. 그 정도 노력을 들여서 얻는 즐거움이라면 인생에 꼭 연애만 있는 건 아니지 않은가! 이쯤에서 자기 분석은 끝.

하지만 내가 아무리 예쁘고 지적이며 다정하기까지 한 매력적인 여성이라 쳐도, 다른 사람들 눈엔 그저 장애인일 뿐이다. 내 친한 친구들조차 상대가 장애인이라면 연애도, 결혼도 힘들 것 같다고 솔직하게 말한다. 함께 거리를 걷고 지하철을 탈 때 많은 불편을 감수해야 하는 상황을 이미 겪어봤으니까. 그 모든 불편이 장애여성인 내가 초래한 것은 아니지만(오히려 사회가 내게 이런 불편을 초래했다), 장애여성인 내가 엄연히 감당해야 할 몫이다. 원하건, 원하지 않건 간에 길을 다녀야 하고 밥도 먹어야 하는 그 주체는 나이기 때문이다.

또 나를 좋아하는 남자라도 주위 사람들에게 "내 애인이 장애인이야"라고 아무렇지도 않게 말할 수는 없을 것이다. 그의 친구나 가족이 보일 반응은 장애인 당사자인 내가 생각해도 뻔하다. "네가 왜 그런 희생을 하느냐", "너 어디 문제 있는 거 아니니?", "더 상처 주지 말고 빨리 헤어져라" 등. 물론 주위의 시선이나 평가를 아무렇지도 않게 감당해낼 수 있는 사람은 거의 없다. 하지만 모든 연애가 결혼을 전제로 하는 건 아니다. 주변 사람은 모르는 비밀 연애도 있고 혹 사랑을 숨기지 않더라도 모두에게 인정받을 필요는 없지 않은가. 실제로 내가 처음 사귀었던 남자는 그런 핑계를 대며 헤어지자고 했다. 지금 와서 보면 그저 핑계일 뿐이다.

혹은 연인들이 헤어지는 뻔한 스토리일 뿐이다. 내가 싫어졌거나, 뭔가 잘 맞지 않았거나, 다른 사람이 눈에 들어왔을 것이다. 하지만 그는 잔인하게도 앞서 말한 이유를 대면서 내 자존감에 난도질을 했다. 그걸 회복하는 데는 정말 많은 시간이 걸렸다. 이후에도 연애가 잘 안 되면 "역시 내가 장애인이라 그런가?"라고 생각하는 게 습관처럼 됐다.

장애여성은 너그러울 것 같다?

이쯤에서 내가 분석해본 남성(나는 이성애자다) 이야기도 꺼내겠다. 연애 시장에서 (잠재적인) 고객의 취향을 파악하는 단계랄까. 객관적인 데이터 같은 건 가지고 있지 않다. 다만 내 입장에서 '장애' 여성으로서가 아니라 장애 '여성'으로서, 관찰한 남성들의 모습은 이렇다.

첫째, 무조건 예쁜 여자를 좋아한다.

둘째, 그렇다고 예쁘기만 한 여자를 좋아하는 건 아니다.

셋째, 시중에 백만 가지 자위기구가 나와 있는데도, 자위기구 쓰는 것을 부끄러워한다(이건 남녀 공통이다).

넷째, 기회만 있다면 자위기구보단 되도록 많은 여성들과 섹스를 나누고 싶어한다(여기서 남녀의 차이가 나는 것 같다).

첫 번째 특징으로 본다면 사회 통념상 결코 '예쁘다'고 볼 수 없는 장애여성은 장애남성과 비장애남성 모두에게 1순위가 아니다. 이름난 결혼정보회사에 장애여성이 신상 정보를 등록할 수는 있을까? 물론 두 번째 특징을 더 크게 느끼는 남성들과 결혼해서 행복하게 사는 장애여성도 많고, 재밌게 연애 잘하는 장애여성도 많다. 단, 장애 유형이나 나이

등에 상관없이 모두 '장애여성' 으로 뭉뚱그려 묶어놓으면 연애나 결혼 상대로 아주 매력적인 집단은 아니다. 장애인과는 만족스런 섹스도 할 수 없을 거라 생각하면(물론 이 부분은 사실이 아니라 편견이다) 장애여성과의 연애는 더욱 마뜩잖을 수밖에 없을 것이다.

그러면서도 네 번째 특징 때문에 장애여성은 호기심에서, 혹은 성욕 때문에 잠깐 동안은 1순위가 될 수 있다. 오페라 〈돈 지오반니〉를 보면, 수많은 여자를 울린 돈 후안이 가장 선호했던 여성은 순진해서 유혹하기 쉬운 타입이었다. 이미 바람둥이로 이름난 그에게도 그가 정복한 여성의 '숫자' 는 중요했던 모양이다. 그처럼 재력과 외모를 갖춘 남자가 아니더라도, 세 번째 특징으로 장애여성은 틈새시장에 위치하기도 한다. 앞서 말했듯이 일반적으로 장애여성은 너무 외로워서 쉽게 넘어온다고들 생각하기 때문이다.

심지어 장애여성은 섹스에서 더욱 너그러울 것 같아서, 그러니까 남성이 섹스를 잘하지 못해도(여기서 '잘' 한다는 건 상대방을 만족시킬 수 있다는 뜻이다) 웃으면서 덮어줄 것 같아서 장애여성과의 섹스가 궁금하다는 사람들도 있다. 장애여성은 마음에 드는 남성과 함께하는 침대에서조차 핸디캡을 안고 출발하는 것이다. 이건 극단적인 예이지만, 혼자 사는 장애여성이나 지적장애여성이 얼마나 성폭력에 취약한지는 우리 모두 잘 알고 있다. 가해자의 입장에선 물리적 힘이 약하거나 스스로 성적 자기결정권을 행사할 수 없는 상대라면 복잡하고 비용도 많이 드는 연애라는 과정을 생략하고 성적 욕구를 해소할 수 있다는 걸 본능적으로 계산해낸 것이다.

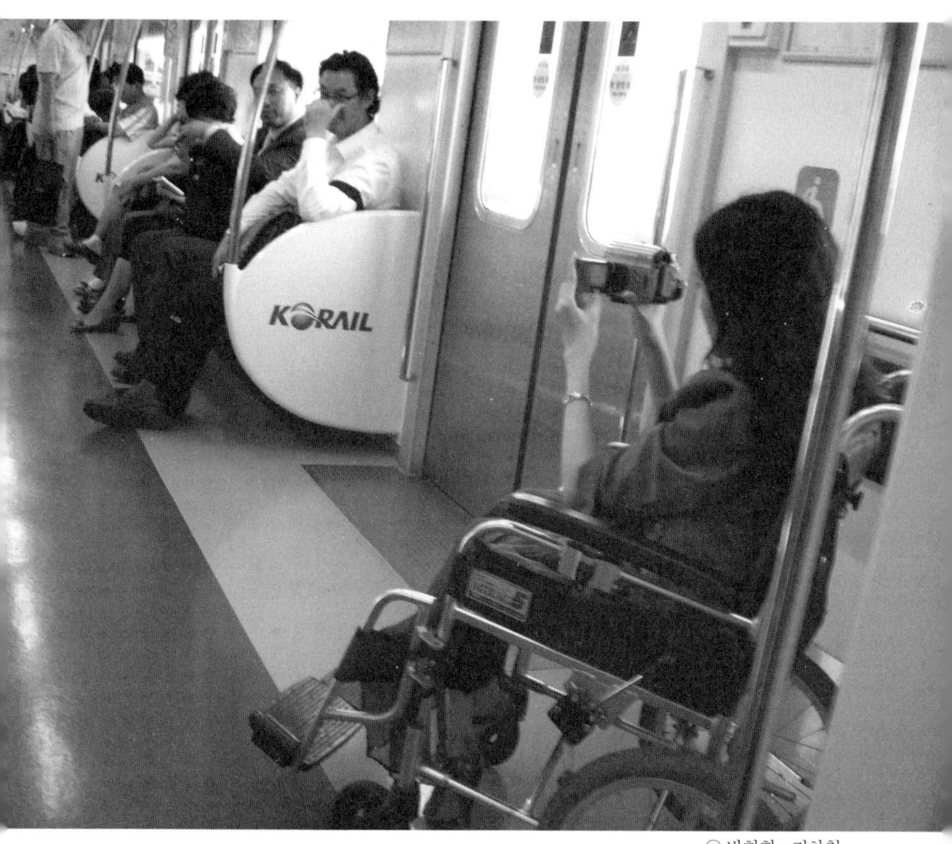

ⓒ 박현희 · 지하철

연애와 결혼에 대한 이중적 태도

그런가 하면 나처럼 '곱게' 자란 것 같은 장애여성은 성욕이 없어 보이는 모양이다. 그리고 당연히 연애에도 관심 없을 거라고 생각한다. 그래서 서른이 넘었는데도 여성이 아니라 어린아이 대하듯 편하게 대한다. 그들에게 나는 무성적 존재일 뿐이다. 알고 보면 나도 섬세한 감정이 있는 여성이다. 잘생긴 남자가 잘 대해주면 마음이 설렌다. 하지만 그 사람이 날 그저 어린아이처럼 생각해서 잘해줬다는 걸 알게 된다면, 나 역시 상처받는다. 스스로 성적 긴장감을 갖지 않고, 즉 조심스러운 태도를 취한다거나 예쁜 척하지 않고 사람들에게 두루 상냥하게 대하는 것이 당연하듯, 다른 사람들도 나를 그저 친절하게 대할 뿐이다. 내 안에도, 내 밖에도 내가 '여성'이라는 인식은 희박하다.

애인이 있는 장애여성의 경우, 특히 그 애인이 비장애인일 경우엔 자존감이 매우 높아진다. 연애를 통해 높아지는 자존감이라면 연애가 끝날 때 다시 무너질 위험도 있으니 살짝 걱정스럽지만, 누군가가 자신을 좋아한다는 사실에서 뿌듯함을 느낀다는 것도 좋은 경험이다. 연애 상대가 중증장애인일 경우, 경증장애인일 경우, 비장애인일 경우 장애여성이 취하는 태도가 약간씩 다르다는 것도 재밌다. 비장애인과 결혼해야만 완전해질 수 있다고 생각하는 여성, 자신보다 중증인 애인에게 의지가 되어주고 헌신하는 여성, 비장애인까진 안 바라지만 이왕이면 경증이 낫다고 생각하는 여성 등. 특히 비장애인과 연애하거나 결혼하는 장애여성은 스스로 비장애인 사회에서 인정받았다고 생각하기도 하고, 다른 장애여성들의 부러움을 사기도 한다. 그러고 보면 장애여성 사회

안에서도 상대 남성의 등급이 매겨진다. 어차피 연애 '시장', 결혼 '시장'에서는 피할 수 없는 것이다.

이렇게 쓰고 보니 장애여성을 보는 사회의(라고 쓰고 '남성의'라고 읽는다) 태도도 이중적이지만, 연애나 결혼에 대한 나의 태도 역시 이중적이라는 걸 깨닫는다. 연애를 하고 싶어 하지만 귀찮아하기도 하며, 장애여성이라고 꿀릴 게 없다고 생각하는 동시에 장애인과 함께 있을 때 감당해야 할 사회적 시선이나 불편함 등을 내가 사랑하는 사람이 겪게 하기는 싫다. 성욕은 있지만, 사랑하는 사람에게조차 장애가 있는 내 몸을 다 보이고 싶진 않다.

결국, 연애와 결혼은 내 마음 가는 대로 선택할 수 있는 게 아닌 듯하다. 내 또래 비장애여성과 다를 게 없는 상황이라고 생각했지만, 그렇지도 않았다. 복잡한 문제이지만 실마리는 있을 거라 믿어본다. 앞으로도 귀찮아서 연애의 즐거움을 포기할 가능성이 높지만 긍정적인 변화의 가능성을 닫아두진 않겠다. 나는 아직 젊고, 매력적이니까.

무·리·하·지·않·기

이젠 나를 위해 웃고 싶다

몸살에 걸려도 웃고, 화가 나도 웃고

"넌 웃는 모습이 예쁘니까, 항상 웃어야 돼!"

서울로 전학 가던 날, 초등학교 때 나를 무척 귀여워해주시던 선생님께서 당부하신 말씀이다. 선생님 말씀 잘 듣는 착한 모범생이었던 나는 정말로 그러자고 다짐했고, 실제로 그게 영향을 미쳤는지는 몰라도 다른 사람보다 잘 웃고, 또 밝게 웃는 사람이 되었다.

확실히 난 웃지 않으면 'B사감' 만큼이나 차갑고 엄격한 인상이긴 하다. 그렇다고 웃음이 나오지 않는 상황에서까지 웃을 필요는 없는데, 정신 차려보면 어느새 속없이 웃고 있었다. 몸살에 걸려도 웃고, 화가 나도 웃고, 실연당해도 웃었다. 아무리 웃는 얼굴이 예쁜 사람이라도 늘 그렇게 웃기는 힘든 일이다. 그런데도 강박관념처럼 웃었다.

어느 누가 웃는 얼굴을 싫어할까마는, 조언을 해주셨던 그 선생님을 포함해 많은 사람들은 이웃집 아저씨가 웃는 모습보다 밝게 웃는 장애인의 모습에 더 기뻐하는 것 같다. 공익광고에서도 장애인들은 모두 웃고 있다. 아무 문제없어 보이는 장애인의 밝은 웃음을 보면 세상이 장애인에게도 평등하게 돌아가고 있다는 생각이 들지 않을까. 그렇게 장애인들의 현실에 눈감는 동시에, 장애인에게 웃음을 선사한 비장애인들이 착한 사람들이라고 믿게 되는 건 아닐까 하는 심술궂은 음모론을 풀어보는 건, 물론 내가 장애인 당사자이기 때문이다.

장애인이니까 더 열심히 일하라?

'관대한 우리가 장애인인 너를 어여삐 여겨 채용해주었으니, 온몸 다 바쳐 은혜를 갚도록 해라' 라는 태도로 당연하다는 듯, 추가 수당도 없이 야근 및 철야를 시키던 회사에서 3개월간 일한 적이 있다. 일을 잘하는 사람에게 더 많은 일거리가 배당되는 건 어느 회사에서나 볼 수 있는 억울한 이치이지만, '장애인이니까 더 열심히 일하라' 는 무언의 압력에 기가 꺾인 나는 필요 이상으로 몸을 혹사해가며 일했다. 좋은 성과를 내면 당연한 것이고, 그렇지 못하면 "역시 장애인은 안 돼"라는 소리나 듣는, 애초부터 본전도 못 찾을 게임이었다.

저질 체력에 무리해가면서 일해놓고도 매일매일 아무렇지 않게 웃으며 상사에게 '굿 모닝, 굿 애프터눈, 굿 나잇' 인사를 바쳤다. 장애인이기 때문에 더욱 "몸이 너무 힘들어서 오늘은 일찍 퇴근하고 싶습니다"라는 말이 나오질 않았다. 그러기엔 어쩐지 자존심 상했다. 그래서 비명을 지르며 휴식을 외치는 몸의 요구를 무시하고 캔디처럼 씩씩하게, 로봇처럼 묵묵히 일했다. 그러다 결국 장렬히 전사, 가 아니라 퇴사했다.

이런 일을 겪은 장애여성이 역시 나 혼자만은 아닌 것 같다. 2010년 6월, 장애여성네트워크가 주최하는 리더 양성 프로그램에 참여해 일본

연수를 다녀왔다. 한국과 일본 장애여성 리더들의 대화에서 자립, 연애, 결혼, 임신 · 출산, 취업 등 사회생활에서 겪는 거의 모든 일이 이슈가 되었는데, 직장에서 '장애인이니까 더 열심히 해야 한다'는 고정관념 역시 논의되었다. 그리고 자신의 몸 상태를 무시해가면서까지 무리해서 일하지 말자는, 당연하지만 실제로는 지키기 어려운 결론을 내렸다.

물론 쉬고 싶을 때 쉬고, 배고플 때 밥 먹는 직장인은 비장애인 중에도 거의 없다. 하지만 생리 때가 아닌데도 하루 세 번 조제된 진통제를 챙겨 먹어야 하는 허약한 몸으로, 비장애인 이상으로 일하며 힘든 척도 못하는 기분은 조금 더 서러웠다. 결국 3개월 동안의 직장 생활은 심한 근육통과 위장 장애, 불면증, 괴물 같은 여드름 등의 상흔을 몸에 남겼다. 그리고 결국 경력으로도 쳐주지 않을 근무 기간에 내 몸 하나 소중히 여기지 못했다는 자책감만 마음에 남았다.

웃다 보면 웃을 일이 생길 수도

격무에 시달리지 않더라도, 현대사회를 살아내기 위해선 어느 정도 몸을 옥죌 수밖에 없다. 여덟 시간 이상 책상 앞에 앉아만 있다 보면 허리나 관절에 많은 무리가 가지만, 먹고살려면 어쩔 수 없으니 파스를 더덕더덕 붙이고 일한다. 장애여성이건 비장애여성이건 배가 나오면 유죄이므로 식사량도 신경 써서 조절한다. 나 같은 경우 아무리 더운 날씨라도, 몸에 비해 너무 가늘어서 비정상적인 다리를 자랑하고 다닐 순 없으니 핫팬츠, 미니스커트 대신 롱스커트나 긴 바지를 입는다. 동물처럼 본능에 충실히 살 수는 없겠지만, 이 정도라면 필요 이상으로 몸을 억압하는 것인지 모른다.

그리고 웃음이 나오지 않는데도 항상 밝게 웃는다. 입꼬리를 올리는 이 간단한 동작으로 내 기분과 마음 상태까지 기만한다. 누구에게나, 생각이란 몸의 미묘한 변화에 따라 달라지게 마련이다. 몸이 아플 땐 저절로 우울한 생각이 든다. 아픈 날이 더 많은 요즘은 별다른 일 없이도 우울하다. 하지만 다른 사람들을 걱정시키지 않기 위해, 불행하거나 불평불만이 많은 장애인으로 보이지 않기 위해 의식적으로, 혹은 무의식적으로 웃고 있다. 그래서 가끔은 백화점 직원이나 승무원처럼 '감정 노동' 을 하는 분들의 마음을 이해할 수 있을 것 같다.

퇴사 후 집에서 쉬면서, 내가 어떤 사람인지, 무엇을 원하는지는 결국 내게 달린 문제인데 다른 사람을 필요 이상으로 의식해 가식적으로 산 건 아닌가 하는 생각이 들었다. 직장에서도 장애인이란 이유로 소외될까 두려워서, 누가 걱정하고 신경 쓰지 않아도 혼자 잘 살아가는 씩씩한 장애인이 되고 싶어서 몸과 마음을 혹사시키고 있었다. 몸이 불편하다는 것 때문에 꼭 다른 사람보다 더 많은 배려를 받을 필요는 없지만, 그렇다고 필요 이상으로 몸을 무리할 필요도 없었다. 혹시나 이게 스스로도 '나는 모자란 사람이야' 라고 생각했다는 증거는 아닌지 모르겠다.

하지만 웃고 싶지 않아도 웃는 버릇에 대해선 아직 생각이 정리되지 않았다. 위에서 얘기한 외압 때문에 그런 건지, 원래도 잘 웃는 성격인지 모르겠다. 트랜스젠더의 이야기를 다룬 〈헤드윅〉이라는 뮤지컬이 있다. 성전환 수술에 실패해 '분노한 1인치' 가 남는 바람에 남자도 아니고 여자도 아니게 된 주인공은, 굴곡이 심한 삶을 살아내면서 비참한 상황에서도 소리 내어 웃으며 이렇게 말한다.

"그래도 우는 것보단 낫잖아요?"

헤드윅만큼이나 굴곡진 삶을 살면서도 곱게 자란 인상이신 우리 엄마가 항상 하시는 말씀이기도 하다. 웃을 일이 있어서 웃는 게 아니라 웃다 보면 웃을 일이 생길 수도 있다. 그리고 사실, 나의 웃는 모습이 가장 예쁘긴 하다.

공·감·하·기

장애여성의 경계를 넘어

▌프랑스 장애여성 **프랑소와즈 타흐타항**을 만나다

이전 세대의 중증장애인들이 껴안아야 할 편견의 무게는 지금보다 더 컸을 것이다. 외출 한 번 하려면 감당해야 할 몸 고생은 물론, 편의 시설도 활동보조인제도도 없던 시기, 원하는 때에 외출할 수 있도록 지원해 주는 장애인 가족부터 드물었을 것이다. 그래서인지 장애인 이동권이 전보다는 나아진 지금도, 나이 든 중증장애인들이 사회활동을 하는 모습은 상대적으로 보기 힘들다.

프랑스에 살고 있는 나의 절친 정인이가 만나고 온 48세의 장애여성 프랑소와즈 타흐타항(Francoise Tartarin) 씨의 이야기를 들어보니, 그곳이라고 상황이 크게 다른 것 같지 않았다. 지금은 혼자서 영화도 보고 쇼핑도 즐기는 '평범한' 일상을 누리고 있지만 그녀도 여기까지 오는 길이 쉽지 않았다. '자신의 몸을 긍정하는 장애여성과 이야기를 나누고 싶다' 는 요청에 "딱 맞는 사람이 있다"는 대답과 함께 소개받은 프랑소와즈 타흐타항 씨. 개인적으로 기대했던 급진적이고 선진적인 내용은 아니지만 사회의 편견에 맞서 보글보글 자신의 삶을 살아낸 그녀의 이야기이다.

전정인(이하 정인)_ 간단한 자기 소개를 부탁드립니다.

프랑소와즈 타흐타항(이하 타흐타항)_ 48세, 독신, 뇌성마비 장애여성이에요. 전동휠체어를 사용하고 활동보조인과 함께 외출합니다. 언어장애가 있지만 읽고, 쓰고, 컴퓨터를 사용하는 데는 큰 문제가 없어요. 유치원 선생님이 되고 싶었지만 신체적인 한계로 공부를 끝낼 수 없어 현재는 무직이고요. 직장 생활이 힘든 장애인에게 지급되는 국가보조금으로 생활하고 있어요. 장애인에 대한 인식 개선 프로그램으로 학교나 사설 기관을 돌며 장애인의 경험이나 현실을 알리는 자리에 서기도 합니다.

정인_ 많은 장애여성들이 사회에서 무성으로 취급받곤 합니다. 스스로를 '여성' 이라고 느낄 때는 언제인가요?

타흐타항_ '타인' 들에게 그런 벽을 많이 느낍니다. 하지만 벽은 벽일 뿐, 내 주변인들은 내가 어떤 사람인지 알고 있고, 소통할 수 있으니 '타인' 의 시선은 내게 중요치 않아요. 다만 아이들을 좋아하고 재봉질 같은 여성적인 취미 생활을 할 때면 내가 '여성' 적이라고 느낍니다.

정인_ 스스로 '장애' 여성임을 가장 강렬하게 느끼는 순간은 어떤 때인가요?

타흐타항_ 선천적인 장애여서 그런지, 내 성격이 그런지는 몰라도 이동 거리, 교통수단, 생활의 불편함은 문제되지 않아요. 하지만 장애로 인해 아이를 가질 수 없었다는 것은 부인할 수 없지요.

정인_ 그렇다면 여성으로서 자신의 몸에 대해서는 어떤 생각을 가지고 있나요? 자신의 몸을 아름답다고 느낄 때는 언제인가요? 혹시 장애가 없는 몸을 상상해보신 적은 없나요?

타흐타항_ 내 경우, 내 몸은 '내 몸' 그 이상도 그 이하도 아닙니다. 나는 몸에 맞게 바지 길이나 간격을 조정해서 입어요. 아주 화려하게, 예쁘게 꾸미진 않더라도 알맞게 맞춰 입기만 하면 된다고 생각하고, 굳이 예뻐 보이기 위해 노력하지 않지요. 내가 '나'인 이상 무엇이 더 중요하겠어요? 이건 장애인이나 비장애인이나 마찬가지 아닐까요? 아름다움을 찾건, 찾지 않건 간에 사람마다 견해가 다르다고 봅니다. 하지만 내게 장애가 없는 몸을 상상해본 적이 있느냐고 묻는다면…… 비장애인으로 아이를 가진 모습을 상상해본 적이 있어요. 장애를 가진 몸으로 아이를 갖는 건 상상이 잘 안 되지만, 비장애인이라고 상상한다면 아이를 가진 몸이 내겐 제일 아름다워 보일 거예요.

정인_ 연애와 결혼에 대한 경험담이나 생각을 들려주실 수 있을까요? 한국에서는 많은 장애여성이 연애나 결혼을 기피하기도 하고, 결혼, 출산과 육아에서 차별과 곤란을 겪고 있기 때문에 이 주제에 대한 관심을 많이들 가지고 있습니다.

타흐타항_ 이 부분은 프랑스에서도 굉장히 터부가 되고 있는 것 같아요. 내가 장애인으로서의 경험을 말하러 갈 때면 간혹 이런 질문이 나올 법도 한데, 다들 눈치만 보고 이런 이야길 잘 하지 않거든요.(웃음)

전에 남자 친구가 있었어요. 하지만 우리 부모님이 워낙 폐쇄적인 분들이라 몰래 연애했는데 불행히도 남자 친구가 일찍 세상을 떠나고 말았죠. 그가 살아 있었다면 나도 결혼하고 아이도 낳았을 것 같아요.

일반적으로 프랑스에서는 싱글맘이 터부가 되지 않는데, 아이러니하게도 얼마 전에 내 친구인 장애여성이 싱글맘이 되니 모두들 충격을 받더라고요. 중도장애인 한 친구는 자기 아이들과 산책할 때 사람들이 "아이 부모님들은 어딨어요?"라고 묻는 게 장애보다 더 큰 괴로움이라고 이야기할 정도니까, 이건 한국만의 문제는 아닌 것 같아요.

장애인끼리 결혼할 경우에 둘 다 휠체어를 탄다면 아이 유모차나 그밖에 여러 도구, 환경적 요인 등이 아이 가지는 걸 꺼리게 만들 거예요. 장애인과 비장애인의 결혼이라면, 주위 사람들이 비장애인 배우자가 장애인 배우자의 돈을 노리고 같이 산다거나, (두 사람의 관계가) 사랑이 아닌 동정이라고 생각하곤 합니다. 장애인의 사랑은 비장애인들의 편견에 짓눌리기 십상이죠.

간혹 아이를 다섯이나 낳은 장애인을 보면 비장애인들은 불가능하다고들 하는데, 사실 불가능한 게 아니라 안 하는 것뿐 아닌가요?(웃음)

장애여성으로서의 경험이 현재 하고 있는 일에 어떠한 영향을 미쳤는지 질문했다. 타흐타항 씨 본인은 모르겠다고 대답했다. 옆에 있던 활동보조인은 '긍정적인 사고'와 '겸손함'이라고 답했다. 그러자 타흐타항 씨가 장애 유무와 관계없이, 고유의 성격이 있는 것이 아니냐고 반박했다. 결국 결론을 내지는 못했다.

정인_ 한국에는 건강을 위해 운동하는 장애인이 많지 않습니다. 그래서 2차 장애(원래 장애 이외에 오래 앉아 있다 보니 새로 얻게 된 부차적 질병이나 장애)에 시달리는 경우가 흔합니다.

타흐타항_ 나는 개인적으로 운동을 별로 좋아하지 않아요. 하지만 중도장애인들이 운동하는 데 굉장히 열정적이라는 건 알고 있습니다. 프랑스가 장애인 올림픽에서 메달을 굉장히 많이 따지 않나요?(웃음)

프랑스에서도 보통 건강이나 체력 관리 차원에서는 운동보다 물리치료를 많이 하고, 이마저도 주로 과체중의 장애인이 많이 하는 편이에요. 나는 저체중이라 해당이 안 되지요.(웃음)

친구 중 하나는 장애인에게 스포츠가 또 다른 구속이 될 수도 있다고 말해요. 집, 운동, 운동을 위한 몸만들기라는 사이클을 벗어나지 않는 장애인도 많으니까. 개인적으론 장애인 스포츠클럽 같은 데 등록하지 않고 편하게 다니는 게 더 좋아요.

정인_ 한국에선 장애로 인한 신체적 콤플렉스나 여러 교통수단의 불편함 때문에 외출을 꺼리는 장애인들이 많습니다. 이에 대해 어떻게 생각하나요? 외출하길 좋아한다면, 어떤 외출을 주로 하나요?

타흐타항_ 장애인이건 비장애인이건, 콤플렉스에 사로잡혀 있다면 누구나 외출하길 피하겠지요. 나는 내 몸이나 상황에 대한 콤플렉스가 없어요. 그리고 사소한 불편함이 내가 하고 싶은 일을 하는 걸 막지는 못하지요. 여행이나 등산도 매우 좋아해요. 봄, 여름이면 친구들과 함께 등산용 휠체어를 타고 하루 코스 등산을 하기도 하고 간혹, 며칠간 산에

서 숙식을 해결하며 산을 타기도 해요. 혼자서 영화관 가는 것도 좋아하고, 물론 쇼핑도 좋아합니다.(웃음)

언어장애 때문에 오랜 시간 이야기하는 게 쉽지 않았을 그녀에게, 감사의 표시로 정인이는 화가 육심원 씨의 〈의자공주〉 노트를 선물했다. 의자에 앉아 있는 모습이 타흐타항 씨와 닮았다.

정인이는 CLH(Comite de Liaison des Handicapes, 장애인 관련 업무 관리 위원회)의 담당자에게도 프랑스의 장애인 상황에 대한 의견을 들어봤다. 기초적인 생활 보조금이나 시설, 혜택은 프랑스가 한국보다 다소 나아도 인식 면에서 갈 길이 먼 것은 마찬가지였다. 정부에선 새로운 공약을 많이 내놓지만 실질적으로 지원금은 별로 없고, 시민들 사이에서 장애인들과 비장애인의 평등 의식 수준은 한국과 거의 차이가 없을 정도였다. 장애아동의 경우에도, 한국이나 프랑스나 부모들의 교육 수준과 교육열이 장애아동의 미래를 좌지우지하는 것은 마찬가지여서 부모의 학력과 교육열이 높은 경우가 아니면 부모들은 장애아동이 시도하기도 전에 안 된다는 생각부터 한다고 한다. 요즘 프랑스 장애인 정책의 화두는 통합교육으로, CLH의 활동 포커스도 자연스러운 통합교육과 평등교육이라고 한다.

* 이 인터뷰는 프랑스 앙제(Angers)시 CLH 사무실에서 진행되었다.
(인터뷰 진행 및 번역 : 전정인, 정리: 강다연)

몸. 말 Ⅳ_

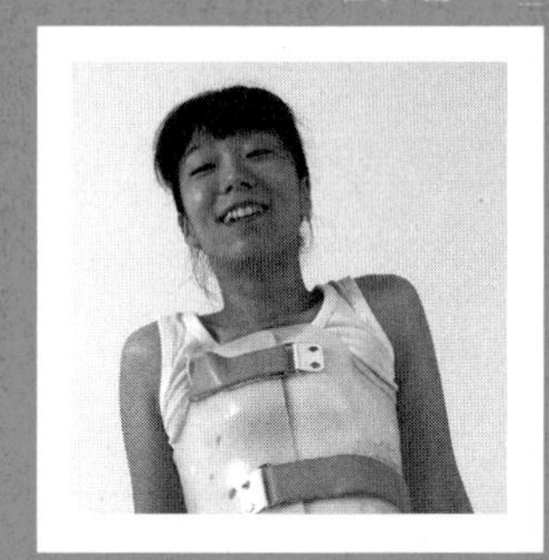

박
현
희

말 · 하 · 기

새로운 내 몸을 만나다

이 기록은 병원에서 퇴원한 지 2년 후 블로그에 기록한 내용을 참고해 되살린 기억들이다. 내 몸이 그전과 전혀 다른 몸이 된 기록을 길고 디테일하게 블로그에 연재하던 그때, 좋은 사람들을 많이 만났고 그중에는 지금의 애인도 있다.

그날

2002년 만우절이었던 그날. 추락사고에 의한 'L1골절' 이라는 진단을 받았다. 정신을 차리고 눈을 떠보니 난 살아 있었다. 하지만 몸을 뒤척일 수도, 팔을 들어 올릴 수도 없었다. 움직일 수 있는 신체는 목뿐이었다. 젠장. 하루에 두 번 30분씩 면회가 가능한 이곳은 중환자실이었다. 무언가 비릿한 냄새에 속이 울렁거렸다. 산소 줄이 코에 꽂혀 있었다. 산소가 비릿하구나, 라고 생각했다. 토할 것 같았다.

희미한 정신에 주치의가 레지던트와 인턴, 간호사들과 나누는 이야기가 들렸다. "혈압이 너무 낮아 수술도 할 수 없고 언제 죽을지 모르니 이 자리에 계속 두자"는 이야기였다. 고개를 돌려 주변을 살피니 간호사 스테이션 바로 옆 침상이었다. '나는 언제 죽을지 모르는 사람이구나.' 사나흘쯤 지나 혈압이 정상에 가까워지자 수술했다. 수술실로 옮겨지는 침상에서 가족들의 얼굴을 보니 죄지은 기분이었다. 수술 대기실의 공기는 차갑고 병원 냄새로 가득했다. 열두 시간이 넘는 대수술이었다고 했다.

주치의가 "넌 이제 산 거야, 걱정하지 마"라고 말했다. 간호사 스테이션 맞은편으로 침상이 옮겨지고 원래 내가 있던 침상이 보였다. 그 자리엔 갓 입원한 듯한 환자가 있었다. '언제 죽을지 모르는 사람이로군.' 아무나 붙잡고 떠들어댔다. 신음 소리와 울음소리가 가득한 중환자실에서 내가 살아 있다는 걸 느낄 수 있는 수단은 말뿐이었다. 간호사들이 말했다. "너, 너무 명랑하잖아." "네, 나 명랑하죠?" 말이 늘어날수록 이상한 약이 계속 추가되었고 잠만 늘었다. "무슨 약인데 이렇게 졸리죠?" "괜찮아, 별것 아냐." 그래, 별것 아니겠지. 내가 누워 있던 그 자리에서 몇 사람이 죽어나갔다.

입원한 지 20일이 넘어 정형외과 수술을 받았다. 어깨 골절이었다. 어깨에 쇠심을 박았다고 했다. 어깨의 금속은 몸의 일부가 되었다. 일반 병실로 옮긴다기에 금식이 끝나느냐고 물었지만 기약이 없었다. 코에 삽입된 관에서는 쉰내 나는 기분 나쁜 색의 위액이 역류되어 나오고 있었다.

수술만 하면 금방 일어나서 밥을 먹고, 걸어 다니고, 퇴원할 수 있을 줄 알았다. 하지만 여전히 금식을 했고, 수혈을 받았으며, 링거를 몇 개씩이나 달고 기저귀를 차고 있었다. 내가 똥을 쌌는지조차 몰라서 간호사가 와서 확인해봐야 했다. 부끄럽고 수치스러웠다. 이 나이에 기저귀나 차고 똥오줌도 못 가리는 인간이 되었구나, 살아 있는 것이 저주스러웠다.

일반 병동에서 시작된 생활

신경외과 일반 병실로 옮겨졌다. 일반 병실로 옮기고 나니 다가올 치료의 고통은 상상도 못하고 금방이라도 퇴원할 수 있을 것만 같았다. 신경외과 주치의가 "욕창 방지 매트리스를 구입해서 깔아주세요. 욕창이 생길 수도 있으니 빨리 깔아주는 것이 좋아요"라고 권유했다. 아버지가 사 온 매트리스를 침대 위에 설치했다. 올록볼록한 매트리스는 공기들이 번갈아 들어왔다 나갔다 했다. 딱딱하고 불편한 데다 작동하는 소리가 너무 시끄러웠다. 그나마 움직일 수 있는 오른팔로 잠자기 전 몰래 전원을 끄곤 했다.

일반 병실로 옮기고 머리를 한 번도 감지 못했다. 3~4일가량 지났을 때 간병인이 머리를 감겨주었다. 중환자실의 간호사들이야 능숙해서 후딱 감겨줬지만 간병인은 서툴렀다. 내가 간병하는 두 번째 환자라고 했다. 이런 중환자는 처음이라고, 커트 머리였음에도 30분이 넘게 걸렸다. 괜스레 미안했다.

계속 금식하고 매일같이 엑스레이를 찍어도 결과는 똑같았다. 코로 집어넣은 관에서는 계속 위액이 역류해 나왔고 피도 섞여 나왔다. 먹은 것도 없는데 초록색과 검붉은 색이 섞인 액체만 토했다. 토하고 나니 간호사가 거즈에 물을 적셔 입술에 얹어주었다. 가끔 목이 너무 타거나 입술이 바싹바싹 마르면 억지로 토악질을 해댔다.

주말에는 아버지와 동생이 머리를 감겨줬다. 서툰 손길 때문에 물이 쏟아졌다. 병원을 방문하는 이발사가 병실을 돌며 머리를 깎으라고 해 시원하게 밀었다. 병실 사람들과 의료진들은 두상이 예뻐 머리를 민 모습도 예쁘다고 한마디씩 했다. 하지만 거울을 보는 것은 두려웠다.

4월의 끝자락이 되자 쌀밥에 고깃국을 먹는 것이 소원이었다. 한 달 가까이 이어진 금식은 식사 시간마다 이성을 잃게 했다. 의사에게 아무리 애원해도 물조차 주지 않고 계속 링거만 꽂고 있었다. 지겨운 링거들. 일주일에 한 번씩 링거 바늘을 교체했다. 나는 팔이 아니라 쇄골 부분의 혈관에 바늘을 꽂았다. 그러다 보니 치료실에서 레지던트가 바늘을 교체했는데 혈관을 찾을 수 없다고 몇 번이나 반복한 적도 있었다. 물론 마취한 상태여서 아프진 않았지만 바늘을 고정할 때 몇 땀씩 꿰매는, 살을 관통하는 그 소리가 너무 아팠다.

욕창, 한숨, 물리치료

5월이 되자 주치의는 앉는 것을 허락했다. 세상이 달라 보였다. 매일같이 천장만 보다가 시야가 달라지니 정말 다 나은 것 같았다. 이제 앉아서 내 손으로 양치질을 할 수 있다고, 세수를 할 수 있다고!

며칠 뒤 기저귀를 갈던 간병인이 내 엉덩이가 이상하다며 간호사를 불렀다. 간호사는 욕창이 생겼다며 레지던트를 불렀다. 잠잘 때마다 몰래 욕창 방지 매트리스의 전원을 껐던 게 화근이었다. 그 소리가 너무 싫었을 뿐인데, 정말 바보 같았다. 하루에도 몇 번씩 인턴들이 욕창을 소독했다. 하지만 한 번 생긴 욕창은 쉽사리 없어지지 않았고 더 커져만 갔다.

가끔 치료실에 가서 썩은 살들을 긁어냈다. 마취를 해서 몸은 아프지 않았다. "안 아프지?" 레지던트가 물었다. "네, 그런데 소리가 아파요." 살들을 잘라내고 긁어내는 소리가 생생하게 들렸다. 소리가 아팠다.

입원 후 처음 산책하러 나갔다. 아버지 혼자 나를 안아서 휠체어로 옮기려고 하자 병실의 간병인들이 손사래를 치며 요령을 알려주었다. 밑에 깔려 있는 시트의 네 귀퉁이를 각각 잡아서 시트째로 옮기는 식이었다. 최소 두 명 이상이 필요한 방법이었지만 그렇게 옮겨야 환자도 안전하고 보호자들도 편하다면서 아버지를 도와주었다.

병원 뒤뜰로 나가 볕에 앉아 있으려니 정말 봄의 한가운데에 있는 기분이었다. 환자들이 가득한 뜰이었지만 꽃도 드문드문 피어 있고 매우 평화로웠다. 기분이 좋아져서 동생과 종알종알 수다를 떨고 있는데 아버지는 그늘에서 담배를 태우고 계셨다. 내뱉는 담배 연기에 한숨이 섞인 것 같아 아버지를 똑바로 바라볼 수 없었다.

시간이 좀 지나고 어깨의 깁스를 풀었다. 깁스를 풀면 금방 팔을 쓸 수 있을 것 같았는데 어깨 위로는 팔이 올라가지 않았다. 깁스를 푼 다음 날, 물리치료 오더가 떨어졌다. 휠체어를 타고 지하에 있는 작업치료실에 들어갔다. 이름을 말하자 치료사가 당황하면서 허리 디스크 환자가 아니냐고 반문했다. 간병인이 내 상태를 조목조목 말하자 치료 프로그램을 다시 짜야겠다면서 그냥 가란다. 다음은 운동치료실. 작업치료실보다 훨씬 넓고 갖가지 운동기구들이 있었다. 가장 가까이 있는 치료사에게 이름을 말하자 본인이 담당자라고 하며 조금 기다리라고 했다.

운동치료실에서 하는 운동은 괴로웠다. 병실에서 나긋나긋하고 착하게 웃는 물리치료사가 저주파치료기만 붙여주는 것과는 차원이 달랐다. 우선 매트로 옮겨져 엎드렸다(라기보단 엎드려졌다). 치료사는 환자복을 들어 수술 자국을 보았다. 많이 찢었네, 라고 한마디 하고는 여기저기 눌렀다. 뼈가 으스러지는 것 같았다. "정확히 몇 번이 나간 거야? 수술 자국을 보니 요추 쪽이구먼." "몰라요." "네 몸을 네가 모르면 쓰나. 의사한테 물어보고 정확히 알아 와. 이제 바로 누워라." 간병인이 몸을 움직여줬다. "혼자 뒤집기도 못하는 건가……. 뭐 이제 운동하면 다 혼자 할 수 있을 테니까 걱정 마." 충청도와 전라도 억양이 섞인 말투였다.

"그 추락사고로 헬기에 실려온 애 맞죠?" "네, 그렇더라고요." "똑바로 앉을 수는 있나요?" "아직요." "그럼 계속 누워서 치료하는 걸로 하고 오늘은 그만하죠." 치료사와 간병인의 대화가 오갔다. "그만 울어, 다른 환자들이 보면 너 잡은 줄 알겠다." 땀을 닦은 치료사는 저주파치료기 사용법을 알려주었다.

커다란 저주파치료기 네 대가 운동치료실 한쪽에 있었다. 팔과 다리에 그것들을 붙이고 자외선인지 적외선인지 하는 빛을 내는 기계를 다리 위에 놓았다. 다리 위로 떨어지는 붉은빛을 보니 내 다리가 정육점 고기와 다를 바 없다는 흉측한 생각이 들어 우울했다. 다리가 죽은 고기 같았다, 젠장.

병실로 올라오니 점심시간이었다. 서걱거리는 밥을 먹으며 계속 눈물이 났다. 운동치료실에서 본 정육점의 죽은 고깃덩어리 같은 다리가 눈앞에 어른거렸다. 금방 퇴원할 수 있을 것이라는 생각이 얼마나 어리석었는지 깨달았다. 긴 병원 생활이 될 것이라는 생각에 또 눈물이 났다.

밥을 남겼다.

오후에 또 운동치료실에 내려갔다. 저주파치료를 하면서 운동치료실을 둘러보니 별별 기구들이 다 있었다. 한쪽 구석에 고물 러닝머신, 그 옆엔 작은 계단이 있었고, 또 그 옆엔 철봉이 두 개 있었다. 자전거 비슷한 것도 있었다. 저주파치료기들 옆엔 테이블 스탠딩이라고 불리는 기구도 있었는데 사람이 매달려 있었다. 매달려 있는 환자는 무기력해 보였다. 사실 치료실 안의 환자들은 모두 무기력했다. 살아 있는 사람 같이 보이는 건 간병인뿐이었다. 운동치료실은 그런 곳이었다.

익숙해지는 생활

욕창은 점점 심해지고 있었다. 커다란 달걀만 하다고 했다. 썩은 살을 긁어내는 소리는 여전히 아팠다. 이때쯤부터는 링거를 뗐다. 정말 신났다. 링거 바늘을 교체할 때마다 몇 번이고 바늘을 꽂았다 뺐다 했다. 이제 주사는 안녕, 이라고 생각했는데 그건 아니었다. 하루에 두 번 항생제를 맞아야 했기 때문에 주삿바늘만 손등에 고정했다. 길이 1.5센티미터, 지름 0.5센티미터 정도의 통에 바늘이 달려 있었다. 일단 이것만 손등에 고정시켜놓고 그 통의 뚜껑을 열어서 주사약만 주입하는 식이었다. 따끔따끔 하는 약이었다. 더불어 정맥주사도 맞기 시작했는데 정말 아팠다. 손목 혈관에 맞는 주사였는데 그 가느다란 주삿바늘이 정맥을 공격할 땐 눈물까지 났다.

그리고 이즈음부터 난, 운동치료실 매트에 앉아서 운동할 수도 있었고—물론 간병인이 뒤에서 내 어깨를 잡고 가슴과 무릎으로 날 지지했다—자전거도 탔다. 가끔 혼자 앉아 있는 연습도 했는데 픽픽 쓰러져 연습 자체가 되지 않았다. 자전거는 운동치료실에 다니는 동안 나의 로망이었다. 나도 자전거를 타고 싶다고 말하면 치료사는 다 때가 있는 법이라며 미루곤 했는데 그 자전거를 타게 된 것이었다. 자전거는 다섯 단계로 강도를 조절할 수 있고 의자에 앉아서 페달을 밟는 식이었다. 하지마비 환자들이 주로 사용하는 운동기구라서 페달에는 25~30센티미터 정도 되는 막대가 있었다. 발이 빠지지 않게 고정시키는 끈도 달려 있었다. 처음 자전거를 타던 그때의 두근거림이란! 하지만 로망은 로망일 뿐, 왼쪽 다리는 움직일 수 있었지만 강도를 1단계에 놓고도 밟는 것이 쉽진 않았다. 땀이 정말 많이 흐르고 평소 움직이지 않던 근육들을 사용하니 당기기도 많이 당겼다. 역시 세상에 쉬운 일은 없었다.

성형수술

7월에 들어서자 신경외과 주치의는 욕창에 대한 적극적인 치료가 필요하다고 했다. 계속 기다렸는데도 살이 차지 않고 썩기만 하니 아예 수술을 하자는 거였다. "수술이요?" "별거 아니야. 성형수술인데 금방 끝날 거야." "집에다 연락 좀 하고요." 이렇게 해서 난 성형수술을 하게 되었다. 병원에 있는 김에 아주 뜯어고치고 나간다, 고 깔깔대면서 성형수술 소식을 친구들에게 알리는 것은 즐거웠다.

7월 17일 성형외과로 전과한 다음 날 오후, 수술에 들어갔다. 민망한 수술복을 입고 차가운 공기의 수술 대기실에서 주사를 한 대 맞았다. 알레르기 반응을 시험하는 주사라고 했다. 수술실에 들어오기 전에는 하나도 무섭지 않았는데, 대기실에서 기다리고 있으려니 무서워졌다. 엎드려서 받는 수술이겠지. 수술 끝나면 기저귀는 누가 채우지. 근심스런 가족들의 얼굴이 선명해지고 기도하던 간병인까지 별의별 생각이 다 났다. 생각이 길어질수록 공포는 더해졌다.

수술대에 옮겨지고 간호사가 기저귀를 풀었다. 커다란 구멍이 있는 초록색 천을 엉덩이에 덮었다. 다행이다, 그래도 뭘로 덮고 수술하는구나. 마취과가 좀 늦게 와서 수술실에 적막이 흘렀다. "마취할게요. 100부터 1까지 거꾸로 세요. 어쩌고저쩌고……." 마취의사의 말이 끝나기도 전에 잠들었다. 생각보다 수술이 길어졌다고 했다.

수술 후 회복실에 있다가 병실로 돌아왔다. 밖은 어두워져 있었다. 간병인도 퇴근하지 않고 기다리고 있었다. 눈이 계속 감기는데 가족들은 끊임없이 깨웠다. 자면 안 된다고 했다. 시야도 흐릿하고 비몽사몽이었다. 온몸에 기운이 하나도 없는 것이 몸이 흐물거리는 듯했다. 흐물흐물. 동생이 우스갯소리까지 해대며 나를 깨우고 있었다. 너무 졸려, 안 졸려, 졸려, 안 졸려, 졸려, 안 졸려, 미칠 것 같았다. 왜 못 자게 하느냐고 따지기까지 했다. 간호사가 와서 설명했지만 여전히 졸렸다. 한참을 그러다가 정신이 빠릿빠릿해지면서 죽을 만큼 아프기 시작했다.

죽을 만큼 아프다고 표현했지만, 사실 죽을 정도는 아니었다. 단지 너무 어지럽고 통증을 느끼는 모든 신경세포가 엉덩이에 몰려 있는 것 같았다. 곁에 동생이 있는 줄 알고 간호사를 부르라고 짜증 내고 있었는데 어랏, 간병인이 있었다. "동생은요?" "오늘은 내가 있기로 했어. 네 상태도 안 좋은데 어린 게 감당이나 하겠니." "그래도 집에……." "괜찮아.

네 걱정이나 해.” 간호사 호출 버튼을 눌러 통증을 호소한다고 이야기하고는 손을 붙잡고 기도를 해주었다. 간호사가 오고 인턴이 호출되어 왔다. 아파 죽겠는데 인턴이 성형외과 주치의한테 전화하는 소리까지 들렸다. '빨리 아무 진통제나 좀 놔주지.' 전화를 끊고 간호사에게 오더를 내리곤 수술 부위를 보았다.

그 모습을 본 간병인이 낮은 비명을 질렀다. "괜찮아요, 원래 출혈이 많은 수술입니다." "그래도 이건 너무……." "그래서 수혈도 받는 것이고 괜찮아요. 안심하세요." "안심해도 되는 거예요, 정말?" "네, 안심하세요." 간호사가 진통제를 가지고 오고 인턴은 수술 부위를 소독하고 나갔다. 간병인은 내 기저귀를 갈았다. "피가 좀 많이 나는구나." 꽁꽁 말아서 가지고 나가는 기저귀가 무거워 보였다.

오후가 되고 아플 만하면 간호사가 와서 진통제를 놔주었다. 같은 병실에 입원한 사람들 중 내 상태가 가장 나빴다. 일반외과 병동이어서 대부분 스스로 움직일 수 있는 사람들이었다. 간병인이 있는 환자도 나 혼자뿐이었다. 간병인이 피 때문에 기저귀를 갈 때마다 환자나 보호자가 피를 보고 기겁했지만 정작 난 볼 수 없어서 덤덤했다. 동생이 평소보다 조금 일찍, 4시쯤에 병원에 왔다. 간병인은 동생에게 잠시만 병원에 있으라고 부탁했다. 집에 가서 옷 갈아입고 씻고 오겠다고 했다. 괜찮다고, 안 그래도 된다고 아무리 말씀드려도 어린아이가 감당하지 못한다고, 오늘까지는 당신이 있겠다고 했다. 간병인이 퇴근하고 동생은 기저귀를 갈다가 현기증을 일으켰다. "언니, 피가 너무 많이 나."

재활의학과에서의 새로운 시작

8월, 한여름이 시작됐다. 머리가 무지 컸던 인턴은 다른 과로 옮겨가고 상냥하고 예쁜 인턴이 왔다. 병원에서 나를 맡는 의사와 간호사는 내가 병원에 어떻게 오게 되었는지 다 알았다. 그놈의 차트. 그래서 과도한 관심을 보이거나 괴물 취급하는 사람도 가끔 있었기 때문에 상당히 불편했다. 과잉 친절에서 느껴지는 그 인위적 관심은 나를 견딜 수 없게 만들었다. 차라리 괴물 취급받는 것이 속 편했다.

사고 후 아버지는 그 여자와의 관계가 소원해졌다. 초기엔 아버지와 매일같이 병원에 와 손을 꼭 잡아주곤 했다. 그런데 보험금을 받지 못하고 병원비가 커지자 아버지는 그 여자에게 작별을 고했다. 중년에게 돈 없는 미래란 무서운 것 아니겠는가. 아버진 정말 괴로워했고 한잔 걸치는 날이면 내게 전화해 "너희는 소중한 내 딸들이다"라고 끊임없이 말했다. 그렇게 한 달이나 지났을까, 두 사람은 다시 만났고 지금은 나의 새어머니다. 하지만 두 사람이 함께 병원에 오면 왠지 '원망'의 눈빛을 보내는 것 같았고 난 아무 말도 할 수 없었다. 그 말 없는 분노와 원망을 차분히 받아들이려고 노력했는데 그 노력이 제대로 된 노력이었을까? 난, 잔뜩 금이 간 유리컵을 손에 들고 있는 기분이었다.

상태가 호전되자 재활의학과라는 생소한 병동으로 전과했다. 재활의학과에서의 하루는 금방 지나갔다. 신경외과에 있을 때보다 스케줄이 빡빡했다. 아무래도 재활을 목적으로 운동하다 보니 강도도 세지고 시간도 길어졌다. 온몸을 보조기로 감싸고 다시 운동치료실에 내려갔을 때 담당 치료사는 한숨을 쉬었다. "이제 다시 하는 것 맞쟈?" 전라도와

충청도 억양이 반씩 섞인 묘한 말투로 이것저것 묻고 스케줄을 짰다. 혼자 똑바로 앉지도 못해서 흔들거렸다.

며칠 뒤, 담당 레지던트가 말했다. "장애인 등록을 하는 것이 좋겠어요." "장애인 등록이요?" "앞으로 보장구를 구입해야 하는데 장애인 등록이 되어 있으면 나라에서 80%를 부담합니다." "장애인 등록이요?" "네, 서류를 준비해드릴 테니 공단에 접수하시면 됩니다." "장애인 등록이요?" "일단은 접수하고" "장애인 등록이요?" "혜택이 제법 있으니……." "장애인 등록이요?"

장애인 등록을 하란다. 하하하, 웃음이 나왔다. 웃음이 멈추지 않았다. 장애인 등록을 하래, 하하하. 잡을 수 없는 시간 사이로 웃음이 뱅글뱅글 돌았다. 그 웃음 속에서 난 춤추고 있었다.

파란색 복지 카드

9월의 오후, 파란색 복지 카드를 받았다. 햇살이 창가에서 산뜻하게 부서져 마구 흩어지며 먼지들을 내보이던 그날 오후. '지체장애 1급' 이라고 쓰인 푸르댕댕한 카드를 받곤 할 말을 잃었다. 재활의학과 사람들은 모두 만든다고? 혜택이 많다고? 한 방울, 두 방울 눈물이 떨어졌다. 고개를 숙이고 흘리던 눈물은 카드 위를 지나 바닥으로 떨어졌다. 그리고 난, 장애인이 되었다.

가만히 있어도 눈물이 나고 화가 났다. 병실에서 울고 있으면 병실 식구들 보기에 뭣했고 간호사한테 걸리면 신경안정제나 항우울제가 처방되었다. 처음엔 갑자기 무기력하고 너무 졸린 게 날씨 탓이라고 생각했다. 가을의 시작이니까. 그런데 약을 보니 못 보던 놈들이 끼어 있었다. "이게 뭐예요?" "아, 항우울제야." "왜 먹어요?" "병실에서 자주 운다고 하길래……." 병원은 감시투성이군.

최적의 장소를 발견했다. 운동치료실. 많은 사람들이 운동을 하면서 고통을 호소하고 뇌병변 환자들은 큰 소리로 엉엉 울곤 했다. 좋아, 이곳이야. 운동을 시작하면서부터 울었다. 선생님이 다리를 주무르고 골반을 교정하는 내내 울었다. 아무도 의심하지 않았다. 운동치료가 힘들어서 눈물을 보이는 많은 환자들 중 한 명에 지나지 않았으니까. 끊임없이 울었다.

지금 생각하면 뭐가 그리 서러워서 울었을까 싶을 정도다. 운동하면서 이렇게 서럽게 우는 환자는 처음이라고 운동치료사가 말할 정도였다. 복지 카드에 쓰인 '지체장애 1급' 이라는 문구를 지우지도 못하는 눈물은 가을볕 밑에서 조용히 마르고 있었다. 그 눈물이 지금의 나를 만들었다. 장애라는 틀에 나를 가두고 세상을 적대시하던 나는 이젠 장애를 수용했다. 장애를 수용하고 나니 보통 사람들이 보내는 시선도 아무렇지 않고 도움을 청하는 데도 능숙하다. 사람은 적응한다, 언제나.

재활의학과에서의 지난한 운동은 괴로웠다. 워커를 이용한 운동이 무서운데, 철봉을 잡고 걷기 연습하는 것이 무서운데, 잘할 수도 없는데 의사와 가족들은 계속 강요했다. 할 수 있는데 안 하는 것이라고 타박했다. 아니, 내가 할 수 없다는데 다들 왜 이러지. 고정된 것을 붙잡고 몇 발자국 걷는 것은 괜찮았지만 언제 쓰러질지 모르는 기구들을 잡고 운동을 하라니, 다칠 것 같았다. 안 할 거야. 여기서 멈춰야지.

그래도 난 혼자 휠체어를 타고 다닐 수 있었으며 간병인도 필요 없었고 휠체어에서 침대로 혼자 이동할 수도 있었다. 많은 기능들을 회복한 것에 만족하며 더 이상 할 수 없는 것들에는 미련을 갖지 않기로 했다. 뭐 그렇지. 이게 똑똑한 거야.

그리고 2003년 2월 마지막 날, 퇴원을 했다.

일상에 적응하기

잠시 시설에 있다가 집으로 돌아왔다. 처음에는 상당히 무기력했지만 점차 집에서 생활하기 위한 방법을 연구하기 시작했다.

일단 가장 근본적인 배설 문제를 해결해야 했다. 욕실용 의자는 화장실 바닥의 타일에 끼어서 부드럽게 밀리지 않았다. 그래서 세숫대야를 엎어 의자로 사용했다. 음, 부드럽게 밀리는 느낌이 들었다. 씻기 위해 비누 갑을 사서 바닥에 세안용품들을 늘어놨다. 작은 바구니에 샴푸와 바디샤워 등을 넣고 사용하기 쉽게 세팅했다. 변기를 사용할 때는 변기를 잡고 걸터앉았고, 이는 변기에 앉아서 닦곤 했다.

다음은 먹는 일이 문제였다. 아버지는 지방에 계셨고, 집에는 동생만 있었기 때문에 처음엔 동생이 밥을 했다. 재수생이었던 동생이 외출하면 집에서 혼자 밥을 챙겨 먹어야 했다. 밥통도 주방 바닥에 내려놓고 반찬들은 냉장고 아래 칸에 뒀다. 앉아서 엉덩이로 바닥을 밀면서 집 안을 휘젓곤 했다.

생각해보니 휠체어를 사용해 하면 될 일이었다. 휠체어를 이용하고부터 생활의 질이 달라졌다. 일단 요리를 할 수 있었다. 원래 요리하기를 좋아했다. 식탁에 도마를 두고 칼질을 하면 휠체어 높이에 얼추 맞았다. 밑에 공간이 있어 휠체어가 자리 잡기에도 용이했다. 다만 가스레인지는 너무 높고 멀었다. 잠깐 좌절했지만 순간 휴대용 버너가 보였다. 식탁 의자에 버너를 올리고 요리를 하니 높이가 딱 맞았다. 아, 이 세팅하는 묘미! 내가 집에 적응하고 있어!

그런데 문제는 식재료였다. 매번 동생한테 사다 달라고 할 수도 없는 일이었다. "언니, 집 앞 슈퍼마켓에서 배달도 해줘." 전화를 해서 하나하나 말한다. "양파 작은 거 한 망이랑요. 대파 소분해서 팔기도 하나요? 계란 한 판, 두부 작은 거 한 모, 버섯, 또 뭐 있지?" 시간이 지난 후 아저씨가 배달을 왔다. 휠체어를 탄 후 처음 마주하는 외부인이었다. "아, 담배 사던 아가씨?" "네." "원래 만 원 이상만 배달하는데 아가씨는 제한 안 둘게." "고맙습니다." 집에서도 담배를 피우기 시작했다. 베란다 문을 열고 뻐끔뻐끔. 장 볼 때 담배도 시키곤 했다. 초콜릿 향이 나는 필립모리스는 여전히 달콤했다.

처음에는 의욕적으로 요리를 했다. 조금 힘들어도 당장 내가 할 수 있는 가장 생산적인 일이었으니까. 그런데 점차 지쳐갔다. 결국 일주일에 하루 이틀 정도만 종일 요리를 했다. 크로켓을 만들고, 카레도 해놓고, 밑반찬들도 해놓았다. 그리고 지퍼백에 한 번씩 전자레인지에 데워 먹을 만한 양을 담아 소분했다. 된장찌개나 김치찌개도 그런 식으로 저장해놓았다. 때가 되면 냉동실에서 꺼내 전자레인지에 데우기만 하면 됐다. 동생은 병원 생각이 난다며 싫어했지만 어쩔 수 없는 상황이었다.

내가 당연하게 하던 것들을 전혀 다른 방식으로 시도하고, 몸을 그 방식에 맞춰나가는 것에 크게 신경 쓰지 않았다. 급작스레 찾아온 변화 때문이었을까, 아니면 그냥 생각을 놓아버린 것이었을까.

그나마 집에서는 몸을 맞추려 애쓸 수 있었지만 집 밖과는 거의 단절된 상태였다. 오랜 병원 생활로 인해 무너진 인간관계는 차치하더라도 2층 빌라에 거주하던 당시엔 밖에 나가려면 누군가의 등에 업혀서 내려가야 했다. 그다음엔 수동 스틸휠체어에 옮겨 앉고, 그것을 다시 누군가가 밀어주어야만 하는 상황이었다. 성인 여성을 업고 2층에서 내려가는 것이라 이성 친구들이 방문할 때나 나갈 수 있었다.

너도 나갈 거야?

특별한 날에나 나갈 수 있던 당시, 기억나는 일이 하나 있다. 내 생일 즈음해서였던 것 같다. 그 여자의 둘째 딸 생일이었는데 다 같이 외식을 계획했던 모양이다. 그런데 내가 걸렸나 보다. 아직도 아버지의 물음이 기억난다. "너도 나갈 거야?"라니. '같이 나가자' 혹은 '같이 갈 거지'도 아닌 '나갈 거야?' 그 짧은 물음은 '날도 추운데 나 허리도 안 좋다. 그런데 너까지 데리고 나가기엔 힘이 드는데 꼭 나가야겠니? 그냥 집에 있는 게 모두에게 좋은 거잖아' 와 같은 의미였다.

집에서 환경에 적응하며 몸을 통한 생활 방식을 만들던 와중에 가장 기억나는 일이다. 걸을 수 없기 때문에 느낀 박탈감이 가장 컸던 순간이었다. 박탈감이라기보다는 '거부당함' 이 맞겠다. 거부당함으로 느낀 심리적 박탈감을 메우기 위해 살림에 더 몰두했던 것 같다. 그 당시 운영하던 블로그의 제목은 심지어 '주부생활' 이었다. 주부생활이라는 생산적 타이틀을 부여하고 요리를 하기 위한 여러 가지 방식의 실험을 지속했던 순간.

친구들이 놀러 오면 종일 요리를 해서 먹이고, 밖에 나가서 산책을 하고 돌아오던 그때, 정말 요리에 몰두했던 이유는 결국 나의 생산성을 증명하기 위해서였다. 혼자서는 밖에 나갈 수도 없고 세탁기에서 빨래를 꺼내는 것도 할 수 없지만, 유일하게 누군가의 도움을 받지 않아도 나 혼자 할 수 있는 일이 있다는 것을 보여줌으로써 난 꽤 쓸 만한 인간이야, 라고 자위했던 것이다.

하지만 1년 3개월쯤 지난 후 아버지와 그 여자가 살림을 합쳤다. 그리고 더 답답한 생활이 시작되었다. 엘리베이터가 있는 아파트로 이사를 가면 내 생활이 드라마틱하게 달라질 줄 알았다. 그러나 그런 일은 일어나지 않았다.

생활 반경이 더 좁아졌다. 합치기 전엔 컴퓨터는 작은방에서 하고, 잠은 동생과 함께 안방에서 자고, 밥은 식탁에서 먹었다. 집에서 다양하게 옮겨 다니며 생활할 수 있었다. 책장의 책들은 웬만하면 다 꺼내볼 수 있었고 몸이 안 좋거나 귀찮으면 며칠씩 살림을 방치하며 살았다. 편한 생활이었다. 그러나 살림을 합치고 나니 내 생활 반경은 오직 작은 방 한 칸뿐이었다.

데면데면한 그 여자의 식구들과 말을 섞고 그 여자를 어머니라 부르는 것도 싫었다. 그 여자 딸들의 눈빛도 싫었다. 그녀들 앞에서 허허 하는 아버지도 싫었다. 그들과 마주치지 않으려면 방에 있는 것이 최선이었다. 버벅거리는 컴퓨터와 책들이 동생 다음 가는 친구들이었다. 동생은 일을 하기 시작했고 낮엔 거의 집에 혼자 있었다. 그래도 방이 편했다.

여전히 친구들이 오기 전엔 외출할 수 없었고 식구들 모임에서 나는 자주 소외되었다. 아버지는 살아서 말썽이라고 그때 확 죽지, 왜 살아서 사단을 만들고 다니느냐고 자주 역정을 내셨다. 젠장, 내가 살고 싶어 살았나? 살 팔자니까 살았지. 식구들 모임에서 소외되는 것에 더 이상 박탈감을 느끼지 않았다.

다른 관계 맺기

그 당시 생산성을 증명할 방법은 아무것도 없었다. 굳이 힘들게 요리하지 않아도 다 먹을 수 있는데(물론 마음은 불편하다) 남의 주방에서 낑낑대며 요리할 필요가 없었다. 다른 방식으로 생산성을 증명하기 위해 블로그를 다시 시작했다. 글을 쓰는 것도 생산적인 일이니까. 물론 살림처럼 눈에 확 띄는 일도, 직접 몸이 생산하는 일도 아니지만 뭔가 증명할 방법이 필요했다.

그 여자의 권유로 1년간 9급 공무원 준비를 했는데 국어, 국사, 영어, 행정 등을 아무런 지원 없이 교재로만 공부하는 얼토당토않은 방법이었다. 인터넷 공유 사이트에서 철 지난 인터넷 영상을 구해 최신판 교재로 공부하는 참 멋진 방법이었다. 지금 생각하니 왜 최소한의 비용으로만 공부하려고 했을까, 하는 생각이 든다. 차라리 그 여자한테 학원에 다닌다고 하고 도와줄 사람도 필요하다면서 경제적 타격이나 확 주는 방법으로 공부할걸.

동생이 가끔 용돈을 줬고, 아버지는 약값을 댔다. 정확히 10개월간 공부했고 참 시원하게 시험에서 떨어졌다. 공부는 재미없고 하기도 싫었다. '돈이나 축내면서 그 여자한테 무시당하는 것도 싫어서 취직을 알아봤다. 가장 처음 검색했던 곳이 장애인고용포털이었다. 어떤 경로로 들어갔는지는 기억나지 않지만 기술이 필요 없고, 재택근무인 구직 정보를 찾아 입사 지원을 했다.

입사 지원 후 얼마 지나지 않아 고용되었고, 나는 직장인이 되었다. 세무회계사와 기업들을 연결하는 아웃소싱 업체였는데, 나 말고도 직원들이 모두 장애인이었다. 다른 장애인들을 만난 건(실제로 만난 것은 아니지만) 처음이라 참 낯설었다. 동질감과 이질감이 동시에 들었다. 사고로 장애인이 된 분도 있었고 희귀병장애인, 뇌병변장애인 등 유형도 다양했다. 물론 전화를 계속해야 했기 때문에 언어장애가 있는 장애인은 없었다. 뇌병변장애인인 팀장은 운전을 할 정도로 상당한 경증이었다.

이 직장에 들어가기 전에는 나 외에는 다른 장애에 대한 호기심이 없었다. 난 장애인이 아니었으니까. 장애를 수용했다고 떠들어댔지만 실상 내가 장애인이라고 생각하진 않았다. '난 장애인이 아니었다고, 당신들과 달라!' 하는 생각을 가지고 있었다. 직장 동료인 그들을 대할 때도 내 입장은 마찬가지였다. 그래도 호기심은 생겼다. 아, 이런 장애도 있구나. 근육병도 처음 알았다. 근육이 무력해지는 병이라니. 프로그래머가 근육병이었는데 나중에 숨을 쉴 수 없어서 죽기도 해요, 라고 참 담담하게 말하던 장애남성이었다. 메신저에서 문자로 나누는 대화였지만 그의 담담함이 참 기억에 남는다. 작년에 우연히 들어갔던 사이트에서 그의 부고를 전해 들었는데 기분이 이상했다.

부산에서 재택으로 일하던 장애여성 언니는 서울에 애인이 있다고 했다. 얼굴도 예뻤고 운전도 했다. 장애인이 운전도 하다니 정말 신기했다. 그 언니는 사고로 척수장애인이 되었는데 내게 많은 걸 알려줬다. 난 장애 세계 입문자니까. 다정하게 차근차근 좋은 이야기를 많이 해주던 그 언니는 내가 최초로 관계를 맺은 장애여성이었다.

즐겁게, 재미있게 살기

그즈음 고모가 다급하게 전화를 하셨다. 전동휠체어를 공짜로 구할 수 있는 방법을 알아보고 전화를 주겠다는 것이었다. 일을 시작하면서 전동휠체어를 탄 직장 동료들을 보고 절차를 알아보았지만 비용이 부담스러워서 관두었다. 고모는 지역 내 장애인단체에 회원으로 가입하면 전동휠체어를 구할 수 있는 것 같으니 검색해서 알아보라고 하셨다. 들뜬 마음에 인터넷을 검색해서는 지역 내 장애인단체에 가입했지만 별 성과는 없었다.

일을 했어도 수동 스틸휠체어로는 절대 혼자 나갈 수 있는 여건이 되지 않아 반 감금 생활을 하며 친구들이나 기다리던 때였다. 당시에는 한 달에 한 번씩 약을 탔는데 약값이 굉장했다. 15~20만 원 정도였으니 엄청난 비용이었다. 집에서 일하며 최저임금을 받아 그 임금의 4분의 1을 병원비로 지출하는 것이나 마찬가지였다. 어느 날, 병원에 검진을 받으러 갔더니 원래 주치의가 출장 중이어서 다른 의사에게 진료를 받았다.

진료를 마치고 나오려는데 의사가 한마디 했다. 전동휠체어를 장만할 생각이 있느냐고, 그렇다면 자부담을 최소로 할 수 있다고 했다. 진료를 마치고 병원 대합실에서 의료기상사 직원을 기다리는데 낯익은 얼굴이 다가왔다. "어이쿠, 이게 누구야? 욕창 방석은 잘 쓰고 있지요?" 긴긴 입원 생활 동안 욕창 방석과 긴다리 보조기와 허리 코르셋을 구매했던 의료기상사 아저씨였다.

아저씨가 건네준 카탈로그를 주의 깊게 보며 전동스쿠터와 수동 알루미늄휠체어를 골랐다. 최소의 비용으로 구매할 수 있게 할인해준 데다 본인이 검수까지 받아 집으로 가지고 오겠단다. 나도 전동이 생겨! 진짜 이제 혼자 밖으로 나갈 수도 있을 거야! 있겠지? 그렇게 나에게 전동스쿠터가 생겼다.

전동스쿠터를 받고 시험 운전한 것을 빼면 공식적으로 한 첫 번째 일은 투표였다. 그동안 물리적 제약으로 투표권을 한 번도 행사하지 못했기 때문이다. 2006년 당시 보궐선거였던 것 같다. 혼자서 처음 나가보는 동네. 들뜬 마음으로 친구가 이름 붙여준 '비엔또(viento, 스페인어로 바람이라는 뜻)' 라는 전동스쿠터를 타고 멀고 험한 길을 헤쳐 투표했을 땐 정말 굉장했다. 이제 혼자서도 나갈 수 있고 친구들이 나를 픽업하러 오지 않아도 되니까 좀 더 자주 만날 수 있겠지.

전동스쿠터와 수동 알루미늄휠체어를 얻고 나선 꼭 예전으로 돌아갈 수 있을 것 같았다. 이제 많은 일들을 정말로 혼자 할 수 있으니까, 그리고 난 직장인이니까. 하지만 예전으로는 돌아갈 수 없었다. 이미 몸의 조건이 다른데 아닌 척하면서 여전히 비장애인에 대한 동경을 지니고 있었던 것 같다.

2년 후 동생과 그 집을 나와 독립했고 서울로 출퇴근했다. 직장인 장

ⓒ 강다연 · 연인 I

애여성, 대중교통을 이용하는 장애여성, 혼자 쇼핑을 하고 살림을 하는 장애여성, 나만 바라보는 애인이 있는 장애여성, 동거인과 대등한 위치의 장애여성, 백화점이나 마트에서 내게만 덤을 줘도 예뻐서 그런 거지, 라고 말할 수 있는 장애여성, 그렇게 자리매김하며 살고 있다. 재미있게!

직 · 면 · 하 · 기

반갑다, 내 몸

감촉만으로도 참혹했던 수술 자국

“언니, 등에 지네가 있어. 징그러워.”

허리 수술 후 수술 자국을 본 동생이 말했다. 병원 생활 초기엔 전적으로 도움이 필요한 중증환자였기에 욕창도 생겼다. 욕창은 계속 커졌고 결국 수술로 치료해야 했다. 욕창 수술이 주변에 있는 살을 당겨 욕창 부위에 구겨 넣는 거라, 엉덩이의 수술 자국은 감촉만으로도 참혹했다. 눈으로 확인할 수 있는 어깨 수술 자국은 그나마 나았지만 당시엔 그것조차 버거웠다.

퇴원 후 집에 돌아와 집에 있는 대형 거울에 알몸을 비춰보았지만, 지네 같은 흉터와 찢고 꿰맨 자국이 있는 엉덩이가 있는 뒷모습은 비춰보지 않았다. 거울 속에 비친 볼록 나온 배를 바라보고 “난 앉아서만 생활하니깐 이 정도는 어쩔 수 없어, 사실 비장애인일 때에도 배만 볼록한 건 유명했잖아”라며 스스로 위안을 삼았다. 사고 직후 배꼽 아래에 작은 관을 꽂았던 자국과 초등학교 때 했던 맹장 수술 자국은 볼록한 배 뒤로 숨겨버렸다.

그때 귀에서는 고장 난 텔레비전 소리가 끊임없이 나고 온몸은 수술 자국투성이였다. 금속으로 된 허리 지지대와 어깨 관절을 몸속에 감추고 있는 내가, '사이보그' 일지도 모른다는 생각을 했다. 고장 난 사이보그라고 생각하는 편이 마음이 편했던 것일까? 외래진료 후 주치의에게 "고장 난 텔레비전 소리가 계속 들려요. 혹시 제가 사이보그라 온전히 못 고치신거 아니에요?"라고 질문한 적이 있다. 당황한 의사를 보고 동생은 서둘러 나를 진료실에서 데리고 나갔다.

사진을 찍다, "나쁘지 않은데?"

시일이 지나 장애인 활동보조인제도가 도입되고 활동보조인에게 알몸을 보여야만 하는 기회가 생기게 되었다. 허리 보조기로 인한 땀띠 때문에 등에 분을 바르거나 목욕 후 옷을 입을 때처럼 생활에서 필수불가결한 상황이 발생할 때였다. 아무렇지 않은 듯 알몸을 내보였지만, 그럴 때마다 활동보조인들의 입에서 낮은 탄식이 흘러나왔다. 아무렇지 않은 척하다 보면 실제로 아무렇지 않을 줄 알았는데 그렇지 않았다. 수치심은 그대로였다.

인사동에서 열었던 '장애여성 이야기가 있는 사진전—몸으로 말하기' 에 참가하면서, 뒷모습 상반신 누드를 찍을 기회가 있었다. 장애여성네트워크에서 시작해서 한 일이었지만 재밌을 것 같기도 했다. 의도적으로 몸에 천착하지 않는 우리들의 몸을 담담하게 기록한다면 그것 또한 다른 의미가 될 것이라 생각했다. 사진을 컴퓨터 모니터로 확인해보니 생각보다 괜찮은 몸이라는 생각이 들었다. 등의 수술 자국이 지네처럼 흉하지는 않았다. 통자 허리, 살짝 튀어나온 살, 비스듬한 어깨, 땀띠까지 전부 이미지로 구현된 내 몸은 썩 괜찮았다. 몇 년 동안 전전긍긍하며 뒷모습을 비춰보지 못한 내가 바보처럼 느껴질 정도였다.

자신감을 얻자 내 뒷모습 중에서 가장 참혹하다고 생각되는 욕창 수술 자국을 사진 찍었다. 엉덩이라 동생이 사진을 찍을 수밖에 없었는데, 동생은 찍는 내내 구시렁거렸다.

"이게 보고 싶어? 이걸 굳이 봐야겠어? 보고 충격 받는 거 아냐? 그냥 관두자!"

하지만 이미지로 구현된 엉덩이는 나쁘지 않았다. 감촉으로만 느꼈던 욕창 부위는 참혹했는데……. 살도 많이 차올라 있었고, 수술 자국이 꼼꼼하다는 생각이 들 정도였다. 나쁘지 않다고 동생에게 이야기하니, "참, 저 근거 없는 자신감은……"이라고 핀잔을 주었다.

내 몸과 직면하기까지 꼬박 8년

거울의 시선이 아닌, 감촉이 아닌, 타인의 목소리가 아닌, 있는 그대로의 내 몸과 직면하는 순간이 오기까지 걸린 시간 8년. 8년 동안 두렵지 않은 척 굴면서 주변과 자신을 속여왔지만, 온전히 맞닥뜨리고 난 후 몸을 이해할 수 있게 되었다. 장애를 수용했다 생각하고 말해왔지만 정작 가장 중요한 내 몸에 대해 크게 관심을 두지 않았다. 아니, 의도적으로 관심을 끊었다는 편이 맞다. 내 몸을 온전히 직면하는 데 걸린 시간과 과정 그 자체로 의미가 있다.

그 후 늘 보아오면서도 별다른 시선을 두지 않았던 변형된 다리에도

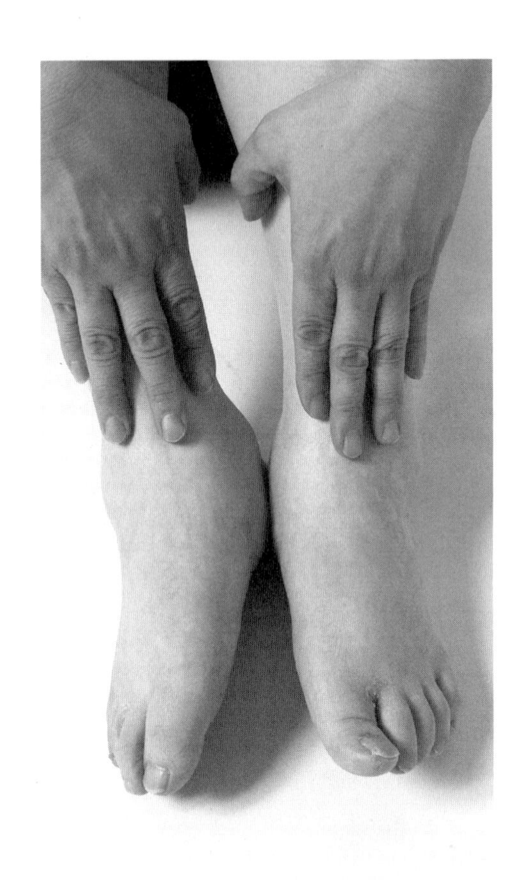

ⓒ 정선아 · 손과 발

눈이 갔다. 현실을 직시하자 변형된 다리에 조치를 취해야겠다는 판단이 섰다. 의사의 진단이 필요한 작업이라 차일피일 미루다가 보조기를 맞췄다.

변형이 시작된 다리에서 나온 석고본은 눈으로 직접 볼 때와는 또 달랐다. 늘 길다고 주장했던 다리는 생각보다 짧았고 발등은 많이 굽어 있었다. 하지만 발의 변형에는 관리와 유지를 소홀히 한 내 책임도 일정 부분 있었기 때문에 받아들일 수 있었다.

내 몸과 직면하자, 외면했던 부분들이 새롭게 드러나는 놀라운 경험을 했다. 외면했기에 방치할 수밖에 없었던 그것들에 관심을 갖고 처방을 내린 후 내 몸을 보살필 수 있게 되었다. 현실과 직시하는 괴로운 순간을 넘어서자 새로운 내 몸과 만난 것이다. 반갑다, 내 몸.

민 · 감 · 하 · 게 · 반 · 응 · 하 · 기

아우성치는 몸의 소리에 귀 기울이며

나이 서른에 찾아온 골다공증

골다공증, 척추측만증, 질염, 요로 결석. 지난 5년간 받은 진단명들이다.

2009년 2월, 허리가 무거운 느낌이 들고 통증도 오래가서 주치의와 상담을 했다. 간단하게 엑스레이를 찍었는데 주치의가 "골밀도가 좀 낮은 것 같다"며 검사를 해보자고 했다. 심각하게 받아들이진 않았지만 골밀도 검사에 응했다.

결과는 충격적이었다. 골밀도가 −2.0 이하면 정말 심각한 상태인데 고관절 쪽은 −1.8이고 다른 곳도 현저히 떨어진다는 진단이었다. 한마디로 '골다공증'이라는 것이었다. 나이 서른에 받은 골다공증 진단의 충격은 쉬이 가시질 않았고 골다공증 치료제를 복용하기 시작했다.

골다공증의 원인은 체중 조절을 위한 다이어트다. 팔로 체중을 지지해 침대에 올라가거나 휠체어로 옮겨 앉을 때, 체중이 늘면 몸에서 이상 신호가 온다. 허리와 팔이 아프고 움직이는 것이 너무 힘들다. 그래서 사고로 장애를 갖게 된 뒤에는 늘 체중 조절을 했다. 적게 먹고 끼니를 자주 거르고 조금씩만 움직였다. 내 선에선 체중 조절을 위한 최상의 방법이라고 생각했는데, 그로 인해 결국 골다공증이 찾아왔다.

2008년에는 척추측만증 진단을 받았다. 요통이 심해져 병원에 갔는데 척추측만이 발견돼 허리 보조기를 맞췄다. 측만증 진행 초기라 보조기를 하면 어느 정도 교정 효과를 볼 수 있다고 했다. 실제 측만증은 엑스레이를 찍기 전엔 잘 알 수 없고 육안으로 현저히 증세가 드러날 정도가 되면 수술 외에는 교정 방법이 마땅치 않다. 초기에 발견한 것을 위안으로 삼았다.

결석 수술을 받다

부인과 질환인 질염도 자주 발생한다. 배뇨장애로 인해 카데터(관) 삽입을 하다 보면 카데터가 질에 들어가기도 한다. 또한 늘 앉아 있으니 아래가 습해서 질염의 빈도가 잦다. 주로 면역력이 떨어지면 생기는데 자가 치유되기도 하지만 2주 이상 증세가 지속되면 산부인과를 찾아야 한다. 질정을 넣고 항생제를 처방받는 치료를 2~3회가량 한다. 질염이 만성화되면 나중에 자궁에까지 영향을 미친다는 글을 읽어서 두렵기 때문이다.

2007년에는 요로 결석으로 인해 개복수술을 했다. 허리야 늘 아프고 배뇨도 힘들기 때문에 통증에 둔감했는데 혈뇨가 생겨서 비뇨기과에 갔다. 엑스레이를 찍었더니 작은 달걀 크기 정도의 결석이 방광에 있었다. 너무 커서 쇄석기로 처리할 수 없어 3차 병원에서 수술을 했다. 방광이 너무 두껍고 딱딱해서 아무는 데도 시간이 오래 걸려 2주 동안 입원했다. 노르스름한 결석을 투명한 용기에 담아 돌려줬는데 한동안 버리지 못했다. 병원의 인턴과 레지던트들이 종종 몰려와 결석을 구경했고, 난 일종의 수치심을 느꼈다. 결석 수술 후 퇴원하면서 배뇨를 위한 카데터 사용 훈련을 받았고 지금은 카데터로 소변을 본다.

이 수술 전에는 의사들을 의심했다. 2003년 퇴원 후 처방받은 약에 '이펙사XR' 이 들어 있었는데 찾아보니 내게는 부작용이 민감하게 나타날 수도 있는 약이었다. 항우울제인 이펙사XR은 드물지만 오히려 우울증을 심화시켜 자살까지 이르게 할 수도 있다. 다음 진료에서 그 약의 부작용에 대해 문의를 하니 다른 약으로 다시 처방해준 것이 전부였다. 후에 주치의가 해외연수에 가는 바람에 다른 의사에게 진료를 받을 기회가 생겼다. 그 의사는 약값이 비싸다며 같은 효능의 보험이 적용되는 약으로 교체해줬다. 약효는 같지만 비용이 50% 이상 저렴해졌다.

그 후 주치의를 이 의사로 교체하고 지금까지 건강을 유지하고 있다. 요즘도 새로운 약을 처방받으면 의사가 알아서 처방했으려니 하며 무조건 믿기보다 약 이름과 성분을 확인하고 꼭 효능을 검색하게 된다. 내가 예민하지 않으면 내 몸과 정신이 받을 스트레스를 잡아낼 수 없기 때문이다.

장애를 수용하는 것과 병을 키우는 것은 다르다

근본적으로 내 몸 상태에 예민하게 반응하게 된 것은 2007년 요로 결석 수술이 계기였다. 당시 증세를 대수롭지 않게 생각했다가 큰 수술을 하게 되니 비용도 많이 들었거니와 몸 상태도 나빠졌다. 그래서 이제는 조금만 나빠져도 민감하게 반응하게 된 것이다. 질병과 증상은 예방이 최선책이라는 걸 몰랐을 리 없건만 막상 막대한 대가를 치르고 나서야 확실히 깨닫게 되었다. 이만하면 꽤 비싼 수업료였다고나 할까.

그런 까닭에 주변에서 여러 가지 질병에 시달리면서도 비용 혹은 이동상의 문제로 병원에 가기를 꺼려하거나 포기하는 장애여성들을 만날 때마다 답답한 마음에서 꼭 잔소리를 하게 된다. 물론 민감하게 굴기 위해서는 시간과 비용, 노력이 필요하지만, 그건 자신의 몸을 위한 최소한의 예의다. 다양한 증상과 질병이 비록 장애에서 기인한 것일지라도 장애를 수용하는 것과 병을 키우는 것은 완전 다른 문제이기 때문이다. 특히 아직까지 건강에 대해 개인이나 주변이 염려하는 것 말고는 대책이 없는 상태에서는 말이다.

장애로 인해 숱한 질병과 증상을 경험하면서도 내 몸을 위해 한 일이라곤 곪아 터질 때까지 방치하다가 처방을 받고 그 처방을 의심하는 정도였다. 내가 이처럼 민감하게 내 몸 상태를 점검하고 걱정하게 될 줄은 나도 몰랐다. 어쩌면 남들 보기에 건강염려증처럼 보일 수도 있겠다는 생각도 든다. 건강에 민감한 노인들이 죽을 때가 다 되었으면서 지나치게 삶에 집착하는 행동을 추한 욕망의 코드로 읽어내는 것처럼, 장애가 있는 몸도 건강할 필요가 없는 몸으로 여기곤 한다. 하지만 보이는 것이 두려워 내 몸이 고통스럽다고 아우성치는 소리를 외면하는 태도는 내 몸에 대한 예의가 아닌 듯하다.

나이 서른에 찾아온 골다공증을 비롯한 여러 가지 질병이 모두 장애 탓만은 아니다. 남들과는 많이 다른 내 몸의 조건과 상태를 잘 헤아리려 하지 않은 내 탓일 수도 있다. 그러나 장애 탓인지 내 탓인지를 따지기

이전에 내 몸의 주인으로서 스스로의 몸에 대해 최소한의 예의를 갖추고 싶다. 서른에 골다공증 진단을 받은 나도 앞으로 남은 40~50년을 건강하게 살고 싶기는 마찬가지이기 때문이다.

공·감·하·기

온전히 나에게 집중하는 삶

▌화가 **주사랑**을 만나다

그림을 시작하다

해사한 외모, 거침없는 언변의 주사랑 님이 사무실로 들어오셨다. 4년 동안 내가 속한 장애여성네트워크 운영위원회 회의가 있을 때마다, 프로그램이나 행사가 있을 때마다 만나왔던 주사랑 님이지만 비혼과 건강에 대한 인터뷰를 하려고 마음먹으니 그녀에 대해 아는 것이 별로 없음을 깨달았다. 50대, 화가, 약사, 비혼, 기독교인……. 이것이 내가 아는 주사랑 님에 대한 정보였다.

장애의 원인에 대해 묻는 것으로 인터뷰를 시작했다. 돌 즈음 사고로 척수장애를 갖게 되었다는 답변을 듣고 나서 솔직하게 고백했다. "짧지 않은 시간 동안 알고 지냈는데, 제가 주사랑 님에 대해 아는 것이 별로 없네요. 전 으레 소아마비려니 하고 여겼거든요."

그리고 다음 질문으로 이어갔다.

"민감한 질문일 수도 있는데 비혼을 선택한 계기가 있으세요?"

"사실 비혼으로 살겠다고 마음먹은 지는 얼마 되지 않았어요. 2~3년쯤 된 것 같아요. 그전까진 결혼에 대한 여지가 늘 있었거든요. 그런데 그림을 시작하고 나서부터는 완전히 비혼을 수용했죠."

그림을 통해 비혼을 선택했다는 주사랑 님. 생업을 접고 그림에 전념하는 이유가 무엇일까?

"2004년까지 약국을 경영하다가 그 뒤부턴 직장에 다녔어요. 직장에 다니게 되면서 그림을 시작했는데 2008년부턴 직장도 그만두고 그림에 전념하기 시작했어요. 그전까진 견딜 수 없던 외로움이 그림을 그리면서부터 충족이 됐거든요."

비혼을 선택하기 전까지 가족을 돌보며 계속된 끊임없는 자아 찾기가 정말 힘들었다고 털어놓는 주사랑 님. 시작부터 분위기가 좀 무거워진 것 같아 의료 관련해 평소 묻고 싶었던 질문으로 넘어갔다. 비혼의 경우 부인과 질환에 걸릴 가능성이 훨씬 많으냐는 것이었는데, 의외의 대답이 돌아왔다.

"비혼일수록 유방암 발병이 높고 기혼일수록 자궁암 발병이 높다는 얘기가 있긴 해요. 그런데 난 아직 산부인과에 가본 적이 없어서……."

깜짝 놀랐다. 오십 평생 산부인과에 한 번도 가지 않았다는 사실은 1년에 서너 차례는 산부인과에 다니며 신경을 쓰고 있는 30대인 나와 대비되어서였다.

주사랑 님은 6학년 때 다리 수술을 한 이후로는 의사들을 불신하게 되었다고 한다. 당시 굉장히 유명하고 실력 있다는 의사한테 진료받았지만 그의 전문분야는 소아마비였다. 척수손상으로 인한 마비인 주사랑 님과는 맞지 않는 의사였던 것이다. 환자의 몸 상태와 입장을 고려하지 않은 의사 때문에 상태는 악화되었고, 그 뒤로도 다른 질환으로 병원에 가면 늘 상태가 악화되었다. 지금도 부인과 질환에 대한 불안이 있긴 하지만 평생 의사들한테 당한 것에서 오는 불안에 비하면 약하다.

자신에 대한 책임과 의무가 중요

다시 비혼으로서의 삶에 대해 질문했다. 흔히들 비혼이면 책임과 의무가 없다고 생각한다. 하지만 비혼 여성에게도 분명 책임과 의무가 있다.

"나에 대한 책임과 의무가 있는 거죠. 현재는 자립 생활을 하고 있지만 얼마 전까진 가족과 함께 살았잖아요. 그런데 생각해보면 그땐 정말 나를 위해서는 아무것도 하지 않았어요. 가족을 부양하고 그들을 위해서만 살았지요. 정말 이타적인 삶이었어요. 지금보다 장애는 경증이었어도 몸과 마음이 힘들고 고통스러웠어요."

이 말을 듣자 작년 초까진 목발을 짚고 다녔던 그녀의 모습이 생각났다. 휠체어도 가끔 사용하긴 했지만 대부분 목발을 사용하던 그녀는 요즘 휠체어만 이용하고 있다.

“나를 위한 책임과 의무를 소홀히 하면서까지 가족에게 헌신하고 얻은 것은 망가진 자아밖에 없었어요. 나를 찾는 고통스러운 과정을 지나면서 상황을 올바로 직시하려고 노력했지요. 나를 찾는 지난한 과정에 미술이 있었고, 미술에 안착하면서 비로소 비혼을 온전히 선택했어요.”

비혼이 대인관계에 미치는 영향에 대해 묻자 그녀는 떨어져 앉아 있던 활동보조인을 가리키며 말했다.

“내 활동보조를 하고 있는 저분의 남편이 경찰이거든요. 근데 나이가 있으니 간부급이죠. 그런 관료조직에선 서열화 현상이 심해요. 내가 속한 어떤 사회에서도 남편의 직업과 지위에 따라 아내들의 발언권이 달라지더군요. 그런데 난 남편이 없으니 서열화에서조차 제외되는 열외인 셈이에요.”

드라마 〈내조의 여왕〉에서 보았던 상황이 실제 상황이라고 생각하니 기분이 이상했다. 남편의 지위에 따른 서열화에 비혼 여성은 낄 자리가 없다는 사실을 새삼 확인하고 나니 그 드라마를 보며 불편하게 꿈틀거리던 느낌이 되살아나는 듯했다.

자신에게 집중하는 삶

비혼을 선택하고 달라진 점이 있는지 질문했다.

"나에 대해 집중하게 되니 질환이 사라졌어요. 천식, 변비, 부종이 정말 심했는데 천식은 사라지고 변비와 부종은 감소되었죠."

평소에 천식 흡입기를 가지고 다녀야 하고 변비와 부종에 시달리던 주사랑 님의 모습을 알고 있었다. 그런데 증상이 감소하다니 놀라운 일이었다.

"내가 관리를 하니까, 건강에 대해 신경 쓰니까 감소되더라고요. 활동보조서비스제도로 자립 생활을 시작하고 온전하게 비혼을 받아들이니 나에 대해 더 많이 생각하게 되었고, 그 뒤 건강이 좋아졌어요."

여기까지 듣자 지금까지 둥둥 떠다니던 인터뷰가 한방에 정리되었다. 주사랑 님은 헤매던 내게 현답을 주었다.

온전히 혼자가 아니면 스스로에게 집중하기 어렵다. 나부터도 동생에게 도시락을 싸주기 시작한 후로 내 도시락은 뒷전이 되어버렸다. 이렇게 사소한 것부터 차이가 나는데, 그간 가족과 함께 살아오면서 늘 여지를 뒀던 결혼까지 생각했을 땐 얼마나 많은 차이가 날지 상상도 못하겠다. 결혼이라는 제도에 나를 던진다는 것은 책임과 의무를 떠맡겠다는 것인데 거기에 가족까지 부양한다는 것은 나로서는 생각도 못할 일이다.

자아를 찾는 과정에서 비혼을 선택하고 그 선택이 질환을 감소시켰다는 대답은 나 스스로에게도 많은 생각을 하게 했다. 하나의 선택으로 연쇄적인 상승 반응이 일어나는 것은 분명 멋진 일이다. 주사랑 님의 사는 이야기를 들으며 실제 장애에도 불구하고 돌봄노동으로 인해 많은 에너지를 소비하며 그것으로 만성질환에 시달리는 장애여성들이 떠올랐다. 물론 비혼만이 정답은 아니다. 하지만 주사랑 님의 선택과 이후 달라진 그녀의 삶에 박수를 보내고 싶다.

몸, 말 V_

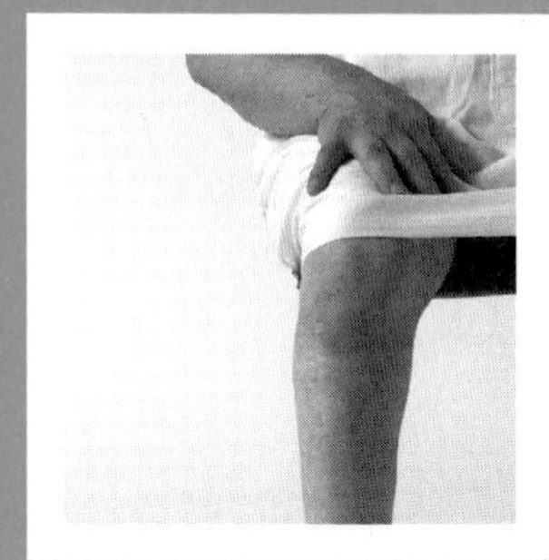

이호선

말 · 하 · 기

내 몸의 성장기

"입만 살아가지고……"로 시작되는 나에 관한 엄마의 옛날이야기를 막을 수가 없다. 처음에는 웃으며 시작되지만 대개 엄마의 눈물 바람으로 마치게 될 것임을 알고 있어도 말이다. 몇 번이라도 들으며 고개를 끄덕이는 것은 엄마의 노고에 대한 작은 보답이고 가슴의 한을 조금이나마 풀어드릴 수 있을까 하는 막연한 기대이다. 이런 되새김의 시간을 통해 오래된 과거의 기억은 나와 엄마의 합작품이 되며, 마치 다시 내 기억인 듯 생생한 이미지로 만들어진다.

작은 세상에서, 살아가기를 배우다

난 두 살 때 열병을 심하게 앓고 난 후 걷지 못하게 되었다고 한다. 병원에서는 처음에 뇌수막염이라고 했지만 이후 소아마비로 진단받았다. 일곱 살이 되어 목발을 사기 전까지 기어 다니거나 업혀 다녔다. 부모님이 일 나간 사이에 세 들어 살던 집의 마당을 깨끗이 쓸며 기어 다녔다고 하고, 누군가 우리 부엌 아궁이에서 뜨거운 물이라도 퍼가려 하면 "우리 엄마 오면 우리 씻겨야 되는데……"라며 야무지게 집을 지켰다고도 한다. 이때쯤 온전한 나만의 기억은, 검은색 두터운 커튼이 쳐진 어두컴컴한 방, 놀러 나간 언니와 오빠가 돌아오기를 기다리던 시간의 외로움에 대한 또렷한 느낌이다.

어린 내게 목발은 집 밖의 세상과 통하게 도와준 고마운 존재였다. 더 이상 집 안에서 혼자 외로이 보내지 않아도 되었다. 집 앞에서 동네 아이들과 구슬치기와 공기놀이를 하고, 심지어 고무줄놀이도 했다. 물론 고무줄놀이에서 편을 가르는데 짝이 맞지 않을 때면 1순위 깍두기였지만, 시간 가는 줄 모를 정도로 재미있었다.

초등학교 입학식 사진을 보면 엄마 옆에 목발을 짚고 서 있는 키 작은 아이가 있다. 학교에 다닐 수 있도록 해준 두 공신, 엄마와 목발과의 기념사진이다. 특수학교가 아닌 비장애인들이 다수인 일반학교에 다녔는데, 집과 학교까지의 거리가 만만찮았고 걸음도 느렸던 탓에 난 아침마다 항상 먼저 집을 나섰다. 일을 가야 했던 엄마는 최대한 서둘러 집안일을 처리한 후, 책가방을 들고 학교로 뒤쫓아 오셨다.

중학생이 되자 학교는 더욱 멀어졌고 가방도 무거워졌다. 엄마는 등교할 때뿐만 아니라, 가능하면 퇴근 후 부랴부랴 하교 시간에 맞춰 데리러 오셨다. 고등학교 때는 멀리 버스를 타고 다니게 되었는데 그때도 언니나 아빠가 시간을 맞춰 가방을 들어주었다. 그 긴 시간 내가 학교에 다닐 수 있도록 도와준 가족, 특히 엄마에 대한 고마움이 크다. 한편으로는 고단했을 엄마에 대한 미안함과 가족이 모든 책임을 맡을 수밖에 없던 현실에 대한 분노도 생긴다.

초등학교 때까지는 자주 넘어져 무릎에 멍이 가실 날이 없었다. 가끔

축
입 학

은 집에 오는 길에 목발이 부러져 무릎이 심하게 까지기도 했다. 그래도 다행히 인심 좋은 동네여서 지나가던 아저씨의 자전거 뒤에 타고 집에 오기도 하고, 누군가 임시방편으로 못을 박아 목발을 고쳐주기도 했다. 수없이 넘어지면서 덜 넘어지고 덜 아프게 넘어지는 법을 터득하고, 도움을 청하고 받는 법을 배웠지만, 우는 법은 배울 수 없었다. 상처가 아픈 것보다 주위 사람들이 놀라거나 불쌍하게 볼까 봐 더 신경이 쓰였나 보다. 아직도 넘어지면 습관처럼 웃음부터 난다.

중학생 때 처음으로 오른쪽 다리에 보조기를 맞추었다. 소아마비의 후유증으로 다리가 점차 휘어지는 것을 방지하고, 다리를 지탱해 걷는 데 힘을 더해주기 위해서였다. 없는 형편에 보조기를 사주며 부모님은 목발 없이 걸을 수 있다는 희망을 가졌으리라. 그러나 보조기만으로 걷기에는 상당히 불안정하고 허리에 통증이 심해서 목발 대신 엄마의 손을 잡고 얼마간 등 · 하교를 하다 포기했다. 대신 보조기를 차고 목발 하나만을 짚고 다니게 되었다.

학교에 오가는 일이 큰일이었지, 막상 학교에서는 앉아서 공부하는 일이 주였기에 일상적으로 큰 어려움은 없었다. 그럼에도 힘든 순간들은 있었는데, 특히 체육 시간에 교실에 남아 있어야 하는 것은 고역이었다. 대개 혼자서 남아야 했는데 한 시간이 마치 하루 같고 얼마나 신세가 처량하게 느껴지던지. 가끔 몸이 약한 친구나 몰래 남는 친구라도 있으면 그렇게 좋을 수가 없었다. 어떤 체육 선생님은 마치 큰 선심을 베풀 듯 밖에 나와서 구경하라고 했다. 눈앞에서 친구들이 신나게 뛰노는 걸 보는 게 과연 내게 어떤 도움이 될 거라 생각했을까. 선생님들은 체육 시간에 아이들과 함께 참여할 수 있는 방법을 고민하기는커녕, 내게 수업을 참관할지 의사조차 물은 적이 없었다. 그저 선생님의 결정에 따라야 했다.

또 하나 힘들었던 시간은 느린 걸음걸이를 맞춰줄 친구가 없을 때, 특히 하굣길을 혼자 걷고 있을 때였다. 항상 있는 일은 아니었지만 가끔 함께 갈 친구를 사귀지 못하는 기간이 있었다. 삼삼오오 웃고 장난치며 몰려가는 아이들 속에서 외롭게, 게다가 느리게 걸어갈 수밖에 없던 그 시간은 한없이 길게 느껴졌다. 언젠가는 하굣길을 같이 하던 친구가 "시험이라 엄마가 일찍 오라고 해서……. 미안해"라며 먼저 가버린 일도 있었다. 음악실이나 미술실로 이동하던 때에도 마찬가지였다. 몇 개의 층을 계단으로 오르내려야 하는 동안 내 느린 걸음을 참아내기 어려웠을 것이다. 그 혈기 왕성한 때에 우정이라는 이름으로 늘 나를 챙겨야 하는 일은 쉽지 않았으리라.

재미있는 이야기로 만화를 그려주거나 고민을 들어주며 아이들과 어울렸지만 순간순간 함께할 수 없을 때면 막연히 버려지는 느낌이 들었다. 그래서 학기 초에는 날 혼자 내버려둘 가능성이 낮은 착한 친구들을 물색하는 영악한 전략도 세웠다. 성적에 따라 끼리끼리 모이던 분위기였지만, 오히려 난 공부를 못하더라도 착한 친구를 골라 접근했다. 창피하기도 하고 이용하는 것 같아 약간 마음에 걸렸지만 외로운 것보다 훨씬 나았다.

청소년 시절에는 죽고 싶다는 막연한 생각도 많이 했지만 가족에게조차 고통을 말하지 못했다. 가족들은 내가 그저 밝고 친구도 많다고 생각할 정도로 이중적으로 살았다. 공부 잘하고 인기도 있었지만, 친구를 사귀기 위해 안간힘을 쓰고 버림받지 않을까 늘 불안하고 힘들었다. 밝음과 어두움, 공부를 잘한다는 우월감과 장애로 인한 열등감의 간극이 지나치게 크던 때였다. 이때의 불안감과 갈등이 아직도 느껴질 때가 있지만, 이제는 그 위태로운 시간을 아슬아슬하게 지나며 얻은 것도 상당함을 안다. 당시의 즐거웠던 일들을 떠올리면서 슬픔을 연상하지 않을 수도 있다. 사실 낙엽만 굴러가도 웃음이 절로 터지던 때였으니 눈물만큼 웃을 일도 넘쳐났다.

삶을 넓히다

성인이 되어서 또 한번 내 몸에 큰 변화가 있었다. 바로 운전을 하게 된 것이다. 대학에 입학했지만 높은 곳에 있어 한참을 올라가야 했다. 게다가 내가 주로 수업을 받던 건물은 학교에서도 제일 높은 곳에 있었다. 지금 생각해도 어찌 다녔나 싶다.

한 학기 동안 나를 지켜본 부모님은 없는 살림에 차를 사주겠다는 큰 결정을 내릴 수밖에 없었다. 너무 죄송했지만 달리 방법이 없으니 못 이기는 척 따랐다. 여름방학 동안 운전학원에 다녔다. 다음 학기에 또다시 고생을 하지 않기 위해 정말 젖 먹던 힘까지 냈다. 당시 손으로 운전을 할 수 있는 핸드브레이크가 장착된 차량으로 운전 교육을 하던 학원이 서울에 세 곳뿐이어서 도봉구에서 강서구까지 서울의 대각선을 이으며 다녔다. 혼자 그렇게 멀리 다닌 적도 처음이었다. 방학 내내 운전을 배우면서도 학업과 관련된 학원에 다니고 친척 과외까지 하러 다녔다. 열정도, 인내심도 심하다 싶을 정도로 넘쳤다.

운전면허 필기시험에는 간신히 한 번에 붙었지만 실기시험에서 떨어지고 말았다. 다음 시험까지 순서를 기다려야 했지만, 그러면 방학이 끝나버릴 터였다. “제가 장애인인데요. 학교가 산꼭대기고……” 내 생애 처음으로 장애를 거론하며 간절한 눈빛과 말투로 등록기관에 부탁해서 바로 시험을 치르는 일종의 편법을 행했다. 여러모로 힘들게 얻은 차는 중증장애인에게 전동휠체어와 마찬가지로 나에게 몸 그 자체였다.

아마 방학 동안 운전면허를 따지 못했다면 다음 학기를 무사히 못 마쳤을지도 모르겠다. 차가 생기고 나니 등 · 하교가 정말 수월해졌다. 게다가 친구들과 준비물을 사러 동대문시장에 가거나 숙제를 하러 이곳저곳에 다닐 때도 함께 갈 수 있어 좋았다. 매번 이러저러한 부탁을 하게 되던 친구들에게 도움이 될 수 있었으니 말이다.

그리고 무엇보다 학업과 장애인 동아리 활동을 병행할 수 있어 좋았다. 기름값이 부족해 3000원, 5000원씩 동전까지 싹싹 긁어 다녔지만, 내가 가고 싶은 곳에 가고 싶을 때 갈 수 있다는 것, 걸어서는 도저히 도달할 수 없는 곳까지 갈 수 있다는 것은 삶이 완전히 달라지는 경험이었다.

이렇게 내 몸은 비장애인이 성장하는 방식과는 같으면서도 다르게 점차 확장되어갔다. 비장애인 중심의 사회에 맞춰나갈 수 있는 몸이 되었지만, 그럼에도 여전히 함께할 수 없는 부분은 고스란히 내가 감당해야 할 몫으로 남았다. 그렇게 비장애인과 다른 몸이면서도 가능한 범위에서라도 그들처럼 살기 위해 긴장하며 아등바등 살아왔다. 그러면서 지인들에게 성실하다는 평가를 얻을 수 있었고 학업도 무사히 마칠 수 있었다.

되돌아보면 비장애인처럼 살려는, 비장애인과의 경쟁에서 살아남아야 한다는 강박이라도 없었다면 몸도 마음도 좀 편했을 것 같다. 그랬다면 함께 어울리는 이들에게 부담이 안 되려고 "괜찮다"를 남발하지 않고, 똑같이 하기 힘들면 힘들다고 말할 수 있었을 테고, 나를 위해 뭔가 조치를 해달라고 요청해볼 수 있었을 텐데 말이다. 아울러 내 장애를 긍정하며 사는 방식도 있다는 걸 좀 더 일찍 알았다면, 내 안의 열등감으로 인한 부정적인 영향은 줄어들고, 여러 꿈을 꾸면서 다양한 기회를 얻을 수 있지 않았을까.

장애를 감추지 않는 사람들

스무 살은 내 인생의 전환점이다. 학교에 갓 입학해서 알게 된 같은 학과 선배 언니의 소개로 장애인 청년들의 동아리를 알게 된 것이다. 학교와 집에서 꽤 떨어진 곳이었지만 수업 시간 외에는 대부분의 시간을 그곳에서 보냈다. 비장애인이 다수인 곳에서 자라며 비장애인처럼 살려고 노력했던 내가 처음으로 장애인 집단과 어울리게 되었다. 처음에는 약간 낯설었지만 알면 알수록 문화적 충격으로 다가왔다. 장애인들이 모여서 낄낄거리며 서로의 장애를 우스개로 만들었다. 지체장애인 선배들은 대부분 키가 작았는데, 그중에서도 작은 축에 들었던 선배가 방석을 깔고 운전해도 마치 운전자 없이 차가 움직이는 것 같다며 놀려댔다. 남뿐만 아니라 자신의 장애 또한 웃음의 소재로 만들어버렸다. 장애가 드러나는 몸을 굳이 감추려 하지도 않았다. 남이 보든 안 보든 신경 쓰지 않고 식당에서 거침없이 기어 다녔다. 축구를 한다며 다리를 절뚝거리고 몸을 흔들며 공을 따라 이리저리 우르르 몰려다니기도 했다.

대부분 나처럼 일반학교에 다녔지만 청소년기부터 한 장애인 이용 시설에 모여 어울리던 사람들이었다. 나와 같은 장애인이었지만 딱 집어 말할 수 없는 여유로움과 당당함이 있었다. 마냥 부러웠다. 새로운 문화적 충격도 잠시, 나 또한 그 문화에 심취해갔다. 특히 처음 '좌식배구'를 접했을 때의 쾌감이 잊히지 않는다. 좌식배구는 말 그대로 앉아서 하는 배구다. 네트를 낮추고 모두 앉아서 배구를 하는데 엉덩이를 들거나 들어서 이동하면 안 된다. 가끔 비장애인이나 경증장애인이 벌떡벌떡 일어나 경고를 당하기도 했다. 많은 장애인들이 싫어하는 것 중에 대표적인 것이 남 앞에서 기는 일인데, 좌식배구는 대놓고 그럴 수 있는 운동이다.

나처럼 상체에 힘이 있으면서 양다리에 장애가 있는 일명 '양하지' 장애인들에게 상당히 유리한 경기였다. 그러나 나는 움직이는 데 거치적거리는 보조기를 풀어버릴 용기는 없었다. 그나마 다른 장애인들에 비해 키가 커 상체가 길었기에 네트 바로 앞에서 블로킹하는 역할을 제법 해낼 수 있었다. 맨 앞에서 공을 얻어맞을까 무서웠지만 긴장감이 느껴져 좋았고, 공을 막아내 점수를 내면 같은 팀의 환호성에 가슴이 벌떡거렸다. 그전에도 1년에 한두 번은 장애인 이용 시설에서 양궁이나 탁구 등을 해봤지만 확연히 달랐다. 그제야 난 여러 명이 함께 어울려 하는 경기를 좋아한다는 걸 알았다.

이렇게 어울려 놀면서도 한편으로 장애 문제와 관련한 세미나와 행사를 했고, "장애인도 인간이다. 인간답게 살아보자"라고 외치며 장애인 생존권 쟁취를 위한 집회도 했다. 그동안 말썽 한번 부리지 않고 살아온 시쳇말로 '범생이'가 여러모로 급속도로 변해간 시간이었다.

그 외에 소소한 일들도 많았다. 어느 늦은 밤에는 멀리 떨어져 있는 횡단보도를 핑계로 다른 장애인들과 함께 차량 통행이 뜸한 8차선 대로를 무단 횡단했다. 평소에 횡단보도를 건널 때면, 금세 깜빡이다가 3분의 2쯤 건너가면 단호히 빨간색으로 변하던 신호등을 보며 당황스러웠다. 그럴 때면 대기 중인 운전자들의 시선이 온몸에 꽂히는 듯했다. 이런 촉박함이나 타인의 시선에 아랑곳없이 무단 횡단을 하고 있자니 차가운 밤기운이 더해져 묘한 쾌감이 들었다.

또 한강공원에 모여 술 마시고 노래도 하며 놀기도 했는데, 돈이 없던 우리에게는 최적의 장소였다. 그런데 문제는 너무 먼 간이화장실이었다. 대부분의 남자들은 으슥한 곳으로 가서 해결하고 빨리 돌아왔다. 나는 걸음도 느린 데다가 취기도 올라 화장실에 오가는 일이 영 귀찮았다. 그러던 어느 날 한 언니와 도모해 풀이 우거진 으슥한 곳에서 소변을 보았다. 누가 들으면 '애걔걔' 할 만한 일이지만, 일탈은 꿈조차 꾸지 못했고 유난히 남의 시선을 끄는 몸 때문에 웬만하면 튀는 행동을 자제해왔던 나로서는 이런 작은 일탈들도 큰 변화였다. 아마 기억을 떠올린다면 수십 개쯤 더 풀어놓을 수 있을 이런 새로운 경험은 내 몸 어딘가에 박혀, 살아가는 데 중요한 원동력이 되고 있으리라.

다시 자유롭지 못한 몸이 되다

이런 장애로부터의 자유, 아니 장애가 주는 자유를 만끽하다가 졸업 후 비장애인들이 다수인 회사에 입사하자 나는 다시 자유롭지 못한 장애인이 되었다. 그러나 청소년 시기까지 비장애인들 속에서 살 때와는 확연히 달랐다. 장애 문제가 개인의 탓이 아닌 사회구조의 문제라는 것도 알게 되었고, 장애인으로서 정체성을 가질 수 있었기에 나름 당당해지고 강해졌다. 반면 장애 차별에 대한 감수성은 높아졌기에 엄청 살기 피곤해졌다. 눈에 훤히 보이는 차별적인 상황에 대해 어디까지 문제를 제기하고 어디까지 눈감고 넘어가야 할지 속이 부글거리고 머릿속이 복잡해졌다.

물론 회사는 물리적으로 내 몸에 적합한 환경이었고 업무도 그랬다. 엘리베이터며 화장실이며 주차장까지 다니는 데 불편함이 없었다. 사무직이어서 주요 업무는 컴퓨터를 이용하고, 전화를 받고, 창구에서 고객을 상대하는 일이었기에 대부분 앉아서 할 수 있었다. 그런데 사회보험을 관리하는 기관의 준 공무원직이라 일이 많지 않으리라는 예상과는 달리 수시로 야근을 해야 했다. 장애인고용할당제로 특채 입사해서 머리로는 괜찮다고 하면서도 왠지 주눅이 들었고 "장애인인데도 성실하고 일 잘한다"는 말을 듣다 보니, 어느새 남들보다 더 열심히 일을 해야 한다는 강박에 사로잡혔다.

열심히 일해서 상을 받기도 했지만 결과적으로 남성들에게 유리한 승진 관행을 뒤집을 수는 없었다. 또한 장애로 인해 암암리에 산재한 여러 제한도 피부에 와 닿았다. 일상적으로도 출장 업무에서 배제되어 내근직만 할 수 있었고, 총무과처럼 차 심부름 등을 포함한 손님 접대나 은행 업무 등의 외부 업무, 용모가 단정해야 하는 부서에는 감히 갈 엄두를 내지 못했다. 물론 그런 부서나 업무에 배정시키는 일도 없었다. 특정한 기간에 각 부서의 직원들이 차출되어 출장을 가게 되면, 몇 개월은 줄어든 인원으로 밀려드는 내부 업무를 처리하고 걸려오는 전화와 창구를 방문한 고객을 함께 받아야 했다. 그러면서도 오히려 출장에서 돌아온 동료들에게 왠지 모르게 미안한 맘이 들었다.

게다가 창구에서 고객을 대할 때 서류 복사를 하려고 조금이라도 걸어 다니면, 고객은 무슨 큰 부탁이라도 한 것처럼 "에구구 몸 불편한데……"라는 토를 달았다. 웃으며 괜찮다고 하면서도 그 동정의 시선을 감당하기 힘들었다.

이러한 '편치 않음'은 회식에서도 이어졌다. 일례로 볼링장에 갈 때 분위기를 망치지 않기 위해 함께 가서 아무렇지도 않게 열심히 응원하며 끝까지 남아서 구경했다. 사실 그전에 장애인 선배들과 함께 몇 번 볼링장에 간 적이 있었다. 선무당이 사람 잡는다고 점수도 높았고 핀이 쓰러질 때의 쾌감도 있었다. 그러나 감히 비장애인들에게는 나도 볼링을 치겠다고 말하기 어려웠다. 물론 누구 하나 "같이 칠래?" 하며 옆구리를 찔러주는 동료들도 없었다. 툭 튀어나온 엉덩이와 기우뚱거릴 뒷모습을 보일 수 없었다. 이런 자신 없는 나에 대해 자책하곤 했다. 1년에 한두 번 체육대회를 해도 과거 선생님이 했듯이 관리자의 판단에 따라 사무실을 지키거나, 참여하되 구경만 해야 했다.

스무 살 이전과는 달리, 장애인으로서 정체성을 가지고 '장애인이면 어때?' 하는 배짱을 충분히 가졌다고 생각했다. 그러나 생각과는 다르게 첫 직장 생활에서 이를 실천하기는 어려워 마음이 편하지 않았다. 업무 분장이 불공평하거나 불합리하다고 느껴지는 일에 대해서는 비장애인 동료들과 함께 변화시키려 노력했지만, 장애와 관련해서는 입 다문 채 대체로 비장애인 기준에 맞추어 살아갔다. 그러면서 비겁하다는 자책도 했고, 한편으로 장애인 한두 명 있는 공간에서, 게다가 하급 직원이 뭔가 변화를 도모하기 어렵다고 스스로 위로하기도 했다.

박쥐 같은 몸을 넘어

눈코 뜰 새 없이 지내온 8년 동안의 직장 생활을 그만두고, 직장 생활과 병행하던 NGO 장애인단체 활동을 본격적으로 시작했다. 아! 다시 장애인들이 북적이는 공간으로 돌아온 것이다. 내 맘은 다시 편안해졌다. 불쌍해 보이지 않을까 신경 쓸 필요도 없고, 몸을 써야 하는 일에서 장애인이라는 이유로 제외되지도 않는다. 내가 못 하거나 힘이 드는 일은 할 수 있는 사람에게 눈치 보지 않고 부탁하면 된다. 또 무거운 것을 들고 간다 해도 누가 불쌍하게 볼까 신경 쓰지 않아도 된다. 책상이나 의자를 나르는 일에 동참해도 "저리 가서 쉬어. 내가 할게"라며 저지하는 사람도 없다.

이곳저곳 경험하다 보니 비장애인이 중심인 곳에서 소수자로 산다는 게 상대적으로 참 피곤한 일임을 알게 되었다. 특별히 차별을 받거나 하지 않아도 늘 촉수를 세우게 된다. 물론 그렇다고 장애인들만 모이는 시설, 학교 등이 좋다는 것은 아니다. 분리된 삶은 그 자체로 반인권적이다.

그런데 다수의 장애인들과 지내는 일상은 스무 살 때 처음 만났을 때처럼 마냥 좋은 것만은 아니었다. 장애인 집단 내부도 일반적인 사회 문화와 별반 다르지 않았고, 여러 차이로 인한 차별도 존재했기 때문이다.

장애라는 이름으로 묶기에 그 차이는 어쩌면 비장애인과 장애인보다도 더 다양할지도 모른다.

장애인이라는 이유로 겪게 되는 차별 경험의 보편성은 있지만, 개인의 몸의 차이와 장애 유형, 장애의 정도, 성별, 나이, 교육 등 다양한 차이들이 얽히고설키면서 드러나는 양상은 정말 다양하다. 그래서 동질적인 집단에 있다고 해도 내 몸과 마음이 마냥 편하지만은 않았다. 오히려 여성이라는 이유로 차별받는 상황에는 더 민감해지기도 했다. 단순히 비장애인이 다수인 곳인지, 장애인이 다수인 곳인지가 중요한 것은 아니었다.

아직도 나는 장애인들이 많은 곳이든 비장애인들이 많은 곳이든 어디에서나 지속적인 관계를 유지하고, 새로운 관계를 모색하며 넘나들고 있다. 어디까지 내 몸을 맞춰야 할지 내 몸에 맞춰달라고 요청할지 고민한다. 또 다른 이들의 다양한 차이를 어떻게 맞출지 고민한다. 이전에는 몸 담은 곳에 따라 달라지는 내 행동을 '박쥐 같다'며 가식적이라고 자책했다. 하지만 이제는 마음의 갈등과 일관되지 못한 내 태도를 자책하지 않는다. 그 갈등 자체가 내가 처한 현실과 나를 그대로 반영하고 있기 때문이다. 한편 차이에 대한 감수성을 높이는 좋은 점도 있다. 그저 나에 대해서도, 부딪히는 상황에 대해서도 계속 이러저러한 변화를 시도할 뿐이다.

여성이기도 아니기도 한 몸

어려서부터 "쯧쯧쯧, 얼굴은 예쁜데……"라는 말을 들어온 나는, 많은 장애여성들이 그렇듯 결혼에 대한 기대치 없이 자랐다. 엄마는 암암리에 친구 중에 약간 다리를 저는 친구가 이혼했다는 이야기를 했고, 오빠에게 나를 평생 책임져야 한다고 말했다.

초등학교, 중학교 때는 나를 좋아하는 남학생들도 몇몇 있었다. 중학교 때는 누군가 나를 좋아한다는 이야기를 친구에게서 전해 들었지만, 결국 그 친구는 나에게 고백하지 않았다. 그 남학생의 마음은 알 수 없었지만, 아마도 뭔가 내가 어렵게 느껴지나 보다 생각했다. 그저 나는 주야장천 친구들의 연애 고민만 들어주었다.

그러다 보니 열심히 공부해서 직업을 가져 독신으로 살겠다는 포부를 갖게 되었다. "너는 연애나 결혼을 하기 어렵다"고 대놓고 말하는 사람이 없어도, 연애나 결혼 대상으로 인기 있는 사람들이 누구인지 알게 되면서 자연스럽게 나는 그에 해당되기 어렵다고 느꼈던 듯하다. 그리고 어려서부터 유독 스물일곱이란 나이에 대해 많이 생각했다. '어려서는 귀엽게 보이기라도 할 텐데, 핸드백을 메고 목발을 짚으면 좀……' 목발 짚은 스물일곱 넘은 여성의 이미지는 왠지 이상할 것 같았다. 텔레비전에서든 현실에서든 목발 짚은 성인 장애여성을 본 적이 없었기 때문일지도 모르겠다.

이런 것들에 최대한 관심을 끈 채 성장해왔지만, 나이가 나이니만큼 다니던 교회에서 연애라고 하기도 뭣한 짧은 연애도 해보고, 스무 살 때 장애인들과 어울리면서 몇 명 없던 여자 후배로서 관심도 받았다. 장애인 혹은 비장애인과 사귀는 장애여성 선배들의 모습을 보면서 자연스럽게 나 또한 가능성을 열어두게 되었고, 호감 가는 이들이 생기기도 했다.

그러나 막상 장애여성이 연애하기에 현실은 호락호락하지만은 않았다. 당시에는 '자봉'이라 불리던 자원봉사자들이 많았는데, 학생운동을 하던 친구들이 장애인운동에도 결합되어 있어서 장애인 문제에 관심이 있거나 돕자는 마음으로 온 친구들이었다. 그런데 남자 선배들이 그 비장애여성들을 대하는 태도가 우리를 대하는 것과는 전혀 달랐다. 대놓고 여대생들에게 관심이 있으니 연결되도록 도와달라고도 했다. 나와 몇몇 장애여성들은 이런 분위기에 분노했다. "어떻게 장애인운동 한다는 사람들이 비장애여성만 좋아하느냐?" "어떻게 비장애여성하고 결혼할 거라고 공공연히 이야기하느냐?" 질투와 분노가 섞여 문제 제기를 하면 나중에 아이 키울 때를 생각한 거라는 답이 돌아왔다. 참 어이가 없었다. 이 시기에 나는 여성성에 대해 가능성을 열게 된 반면, 비장애여성에 비해 여성의 역할에서 낮은 위치에 놓여 있다는 것을 절실하게 느꼈다.

스물다섯, 첫 직장 생활을 하게 되어 다시 비장애인들과 어울리게 되었을 때도 크게 다르지는 않았다. 직장에는 결혼하지 않은 남녀가 여럿 있었다. 회식 자리에서 젊은 남녀를 마음대로 짝 지으며 어울린다고 하고, 삼각관계를 만들기도 하며 한참을 놀려먹기도 했다. 그 이야기를 들으며 인기를 가늠하기도 한다. 그런데 그럴 때마다 신기하게도 누구도 나를 거론하지 않았다. 순간 투명인간이 된 느낌이었다. 사람들이 암묵적으로 나를 연애나 결혼에 적합한 여성으로 취급하지 않았던 것이다. 아무에게도 밝히지 않았지만 남자 친구가 있었으니 그나마 덜 비참했다.

독신을 외치던 나는 장애인 동아리에서 만난 선배와 4년간 연애를 거친 후 스물넷에 결혼했다. 물론 상대를 사랑해서 결혼했지만, 사람들의 편견과 '결혼을 안 한 것이 아니라 장애 때문에 못했을 것' 이라는 고정관념을 감수할 용기가 없었던 것도 결혼을 선택하는 데 영향을 미쳤으리라.

결혼을 결정하고 난 후 결혼 준비보다 사랑하는 이에게 몸을 보여준다는 것에 대한 걱정이 더 컸다. 그런데 이런 걱정을 줄이게 된 계기가 있었다. 어느 날 데이트 도중에 다리를 삐는 일이 발생했는데 공교롭게도 오른쪽 발이었다. 당시 남자 친구였던 남편은 파스인지 스프레인지를 사서 왔고, 왼쪽 발에 비해 작은 '아기 같은' 오른쪽 발을 얼떨결에 보여주게 되었다. 당시에는 아프기도 하고 정신없어 지나쳤는데 그 후로 용기가 생긴 것 같다. 상대방의 아무렇지 않은 반응 덕이 컸으리라.

사실 나조차 잘 주시하지 않던 몸을 타인에게 보여줘야 하는 일은 쉽지 않다. 그러나 당시 장애인 동아리 활동을 하면서 객관적으로 이상적인 아름다움은 존재할 수 없으며, 그런 기준에 가깝지 않아도 아름다울 수 있다는 것을 조금씩 느끼고 있었다. 그래서 내 몸을 보여주는 일도 수월했다. 흔히 남자는 근육 잡힌 힘 있어 보이는 다리를 멋있다고 생각하지만 존경하던 장애인 선배의 여자같이 매끈한 다리가 멋있다고 느껴진 순간이 있었다. 어떤 사람에게 전체적으로 호감이 생기면 신체적인 아름다움의 객관적인 기준도 깨버린다. 그럼에도 몸을 보여주는 일이 흔쾌한 일은 아니었지만 심각하게 고민하지 않을 수 있었다.

그런데 장애가 있는 남편의 한쪽 다리는 나보다 걷는 힘은 월등한데 비해 살이 훨씬 없었다. 남편은 그 다리를 보여주는데 전혀 걱정하지 않았다. 나 혼자만 괜히 걱정스러워했던 것 같아 좀 억울했다.

이제는 나이를 먹다 보니 여성성이나 외모에 대해 예전보다는 둔감해지는 듯하다. 좋은 면도 있다. 나의 내면에 더 신경 쓸 수 있고 마음도 편하다. 단지 부쩍 늘어난 몸무게 때문에 다시 외모에 스트레스를 받고 있다. 여성성과 장애와 비만에 대해 이러저러한 생각이 이어진다.

나이 먹으며 급쇠퇴하는 몸

이제 어느덧 마흔한 살이 되었다. 지난해 유난히 마흔이라는 나이에 사로잡혀 있었다. 뭔가 안정적인 위치에 있지 못한 것 같아서이기도 했지만, 몸의 변화를 확실히 느끼기 시작했기 때문이다. 그동안은 힘이 들어도 잘 아프지 않은 편이었기에 인내심을 가지고 일을 해낼 수 있었다.

그런데 이제 그렇지 못한 상황이 늘어난다. 넘어져서 두 번 수술한 무릎과 발목은, 불어난 내 체중을 감당하기에 벅찬지 서 있으면 2~3년 전보다 훨씬 빨리 강한 신호를 보낸다. 예전에는 앉았다 일어났다 하기 귀찮아서라도 그냥 서 있었지만 이제는 웬만하면 앉을 곳부터 찾는다. 요리를 할 때 한 시간 정도 서 있으면 쉬었다 다시 해야 한다. 예전에는 그냥 참고 다한 후에 쉬었는데 이제 그럴 수 없다.

특히 손목은 내 불안감을 부추긴다. 목발을 짚고, 타자를 치고, 운전을 주로 하는 오른쪽 손목은 잠자리에 들면 욱신거린다. 이제 프라이팬을 들고 몇 번 흔들면 바로 아프고, 볶음요리라도 하려면 왼손과 번갈아가며 해야 한다. 말로는 곧 휠체어를 타야 한다고 아무렇지 않게 이야기한다. 아마 휠체어를 타면 나를 중증장애인으로 대하는 사람들의 태도와 더불어 휠체어에 앉으면 낮아질 시선에도 익숙해져야 한다. 공간의 제약 등에 대한 대응 방식도 고민해야 할 것이다.

이런 변화는 체중이 늘어난 탓이 크다. 그러나 늘기는 쉬워도 할 수 있는 운동이 별로 없기에 체중 감소를 위한 방법은 식이요법이 거의 유일하다. 그러나 먹는 걸 조절하는 게 쉽지 않다. 속 모르는 사람들은 "운동 좀 해라. 걷기라도 해라" 충고하지만, 운동을 하더라도 소아마비 후유증 때문에 근육을 많이 사용하면 좋지 않음을 모르고 하는 소리다. 운동도 잘 해야 하는 것이다. 수영이 좋다고 하나 여건을 만들기 어렵다.

이제 곧 바쁜 일정을 소화해내야 하고, 아직 하고 싶은 일도 할 일도 많이 남았다고 생각하는데, 몸은 이제 그걸 다 수행할 수는 없으니 어지간히 하라고 말하는 것 같아 불안하다. 지금도 웬만하면 몸을 혹사하고 싶지 않아 게으름을 피우기도 한다. 어려서부터 내 몸에 맞춰 버티며 살아왔고 혹사시킨 것에 비해 잘 견뎌왔지만, 이제 쇠퇴해가는 몸의 변화를 받아들여야 하나 보다. 너무 슬퍼하지 않고 나이 듦을 받아들일 수 있는, 내 몸에 적합한 삶의 방식을 모색할 때이다.

외·면·하·기

어느새 사라져버린 외모에 대한 관심

질투심과 함께 사라지다

"야, 말도 마라. 언니랑 균이 똑같이 해달라고 고집 피워대서 원……."

아직도 엄마와 언니는 어린 시절 언니를 향한 내 질투심을 가지고 놀려대곤 한다. 언니의 머리 모양을 따라 하려 짧은 머리를 두 갈래로 간신히 묶어서 선생님께 인사할 때마다 목덜미가 짜릿짜릿했던 기억과, 똑같은 부츠와 치마를 입고 언니와 나란히 찍은 사진들이 엄마와 언니의 말을 부정할 수 없게 한다.

초등학교 저학년 즈음까지 이어진 대단했던 나의 질투심은 어디로 사라졌을까? 그것은 외모에 대한 관심과 함께 사라져버린 모양이다. 언니와 같은 길을 가기 어려운지는 어떻게 눈치채고 포기한 것일까. 어느새 언니와 달리 나는 늘 커트 머리에 바지를 입은, 별로 여성스럽지 않은 모습으로 변해갔다.

지저분한 모습을 그냥 넘기지 못했던 엄마는 "몸이 힘들어 땀을 많이 흘리니 깔끔하고 간수하기 편하게"라며 머리를 짧게 잘라주셨는데, 중학교 때는 심하게 짧아져 스포츠형 머리에 가까웠다. 한번은 학교에서

단체로 찍은 내 증명사진이 없어 혹시나 해서 남학생 쪽 게시판을 봤더니, 그곳에 너무도 자연스럽게 어울려 붙어 있던 황당한 일까지 발생했다. 눈썹도 꽤 진한 데다가 이름까지 중성적이어서 사진관에서 일하던 분이 헷갈렸나 보다.

이처럼 점차 외모에 대한 관심은 사라져갔지만, 몸의 기능에 대해서는 관심이 컸다. '아! 그나마 철봉은 할 수 있구나, 이만큼의 높은 계단은 무리군, 저 정도 거리의 버스는 못 잡아타겠군.' 알고 있어야 상황 판단을 하고 미리 대처할 수 있었기 때문이리라.

어디서나 눈에 띈다는 생각으로 남들의 시선에서 자유롭지 못했다. 머리를 기르거나 치마를 입어 예쁘게 보이고 싶은 마음을 가지기보다 힘들게 보이지 않으려 노력했던 기억이 더 많다. 내 몸의 능력을 모른 채 무리한 도전을 해서 "저런 쯧쯧", "가서 쉬어", "내가 해줄게" 등의 말을 듣기가 너무도 싫었다. 심지어 넘어져 아파도 울지 않았을 뿐만 아니라, "괜찮다"를 연발하며 웃어댈 정도였다.

이렇듯 내게 자신감을 주지 않는 몸은 대신 머리(지식)에 집중하도록 영향을 미쳤는지도 모른다. "너는 다른 장애인과 다르다", "머리만 똑똑하면 된다"는 주위 어른들의 말씀은 공부에 더욱 집중하게 만들었다. 조금 과장해서 약사가 되라는 말을 백만 번쯤 들었는데, 당시 장애인이 앉아서 할 만한 몇 안 되는 일 중 최고라고 여겼던 것 같다.

초등학교 5학년 때인가 한 친구는 "너 대학에 못 간대"라며 당시 뉴스에도 나왔던 장애인 대학생 입학 거부 사건을 내게 전했다. 나는 공부만 잘하면 성공할 수 있을 거라는 어른들의 말을 전적으로 믿지 않았지만,

다른 장애인들과 구별될 수 있다는 막연한 기대감은 가졌다. 공부를 잘하는 길만이 인정받는 길이라고 생각할수록 몸은, 특히 외모에 대한 관심은 점차 사라져갔다.

아직도 시선을 피하며

비장애인들이 대부분인 곳에서 살아오다가, 스무 살에 한 장애인 동아리를 알게 되어 많은 장애인들을 지속적으로 만났다. 그들은 나와 달리 장애를 자연스럽게 인식하고 있었고 남들의 시선으로부터 자유로웠다. 이후로 나 또한 비장애인의 기준에 맞추는 데 힘 빼지 않으려 노력했다.

그리고 점차 장애여성으로서 정체성을 가지려 노력하고 조금씩 변해가는 시간을 보냈다. 뒷전으로 밀려났던 몸에 대한 관심도 높아졌고, 남의 시선에서도 점차 자유로워졌다. 이제 마흔을 넘겼고 몸은 그 자체로 익숙해졌지만, 그럼에도 아직도 나를 종종 당황하게 만드는 상황이 있다.

나는 흔히 여성들의 방 한편을 차지하고 있는 전신 거울을 가져본 적이 없다. 외출할 때도 상반신 거울로만 확인한다. 길을 걷다가 문득 시선을 옆으로 돌렸을 때 건물의 전면 유리에 내가 슬쩍 보인다. 그 순간 나도 모르게 아무 일 없었다는 듯 시선을 피하고 있는 나를 발견한다.

몇 년 전 초등학교 학부모 급식 당번 제도가 사회적으로 이슈가 된 적이 있었다. 당시 나는 급식 당번을 하러 직접 학교에 가지 못하는 것 때문에 초등학교 1학년 딸아이와 한참 갈등이 있었다. 그래서 학부모 급식 당번을 폐지하자는 모임에 동참했다. 그러면서 단기간에 텔레비전에 자주 출연한 일이 있었는데, 편집된 인터뷰 내용에도 스트레스를 받았지만 그만큼 텔레비전에 비춰진 내 모습을 봐야 하는 상황도 힘들었다.

한번은 리포터와 함께 걸어가고 있는 뒷모습이 나도 모르는 사이 찍혔는데 그 2초도 안 되었을 방송 장면을 보며 너무도 화가 났다. '왜 말도 안 하고 찍었을까', '앉아서 한 인터뷰로는 장애가 드러나지 않아서군'. 나름의 분석이 이어졌다.

그런데 시간을 두고 생각해보니 내가 이상하리만큼 화가 난 이유에는 숨겨진 면이 있었다. 내가 보지 않아서 검열하지 못하는 뒷모습을 준비 없이 갑자기 보게 되었기 때문이라는 것을 말이다. 나는 앞뒤로 굽은 허리 때문에, 옆이나 뒤에서 보면 유난히 허리가 들어가고 한쪽 엉덩이가 튀어나와 보인다. 두 목발을 짚은 어깨가 매우 기울어져 도드라지고, 게다가 동영상으로 보면 좌우로 흔들리는 내 장애가 더 심하게 느껴진다. 내가 걷고 있을 때는 그렇게 기울어지고 흔들리는 것 같지 않아 몰랐을 뿐이었다. 평소 전신 거울과 유리창을 잘 보지 않고 외면해온 그 모습은, 평상시 모르는 사이에 내가 그려온 머릿속의 몸 이미지와 달라 나를 당황하게 했나 보다.

나를 응시하는 자유

뇌병변장애가 있는 아는 언니는 남이 자신의 사진을 찍는 것이 흔쾌히 내키지 않는단다. 근육이 본인 뜻대로 되지 않아 원하는 얼굴 표정을 짓기 어렵기 때문에 자신의 마음에 들지 않게 나오는 경우가 많다는 것이다. 오히려 셀프카메라 찍기를 즐기는데, 자기가 원하는 표정이 나올 때까지 액정을 보면서 기다릴 수 있기 때문이다.

장애여성들과 이야기를 나누다 보면, 이제는 장애가 있는 몸을 굳이 감추려 하지 않는다 해도, 아직도 어떤 부분은 알게 모르게 외면하고 싶어하는 유사한 감정들을 종종 확인하게 된다. 물론 자신의 몸을 있는 그대로 인정하고 살 수 있으면 좋으련만, '능력 있고, 외형적으로도 이상적인' 몸이 부각되는 사회 분위기상 점점 더 어려운 일이 되는 듯하다.

어렸을 때 의도한 것은 아니었지만 몸(특히 외모)에 대한 관심을 줄여서 나의 몸을 외면한 것은, 평가 절하된 몸을 붙들고 기준에 맞추기 위해 집착하고 좌절하는 것보다 결과적으로 그나마 조금 더 행복하게 살아남기 위한 일종의 전략이었다.

그러나 이제 내가 조금 더 자유로워지기 위해서 오래된 습성이 깊이 박혀 여전히 외면하고 있을 어떤 부분을 찾아내는 일에 민감해질 필요가 있음을 느낀다. 자발적이진 않았지만 내 뒷모습을 쳐다본 것처럼 말이다. 우선 알고 난 후 다시 덮어버리지 않는다면 언젠가 어떤 해결의 방법이나 기회를 찾을 수 있을 것이다. 내 몸에 꽂히는 남의 시선뿐만 아니라 자신의 시선 또한 피하지 않게 될 자유를 상상해본다.

드·러·내·기

약점을 드러내며 얻은 자유

의도적인 새로운 실험

짧은 치마를 입는다. 메이크업 전문가가 화장을 해주고, 머리도 만져준다. 준비를 끝내고 얼마나 시간이 흘렀는지는 알 수 없었지만 빠른 비트의 음악이 흐르고, 어두운 무대에 조명이 켜지자 딸과 함께 무대 앞쪽으로 나간다. 강한 조명 빛 때문인지, 긴장한 탓인지 사람들은 보이지 않고 환호성만 들린다.

6~7년 전쯤 안티성폭력페스티벌의 한 코너로 기획된 장애여성 패션쇼에 나갔다. 너무나 낯설었던 그 경험은 아직도 기억에 생생하게 남아 있다. 그때 무대에 흐르던 제목도 모르는 그 팝송이 어디선가 나오면, 아직도 "아, 패션쇼 때 노래다!"라고 나도, 딸도 외치곤 한다.

그 패션쇼는 무대 위에 설 장애여성이 평소 입고 싶었던 의상을 미리 의상학과 학생들에게 이야기해서 제작된 옷을 입고 출연하는 색다른 과정이 있었다. 나는 평소 외출할 때는 입고 나갈 엄두도 못 낼 옷들을 요구했다. 목발을 짚어 두꺼워진 팔뚝을 훤히 드러낼 민소매 상의와 그동안 긴 바지로 가렸던 오른쪽 다리의 보조기가 드러나는 레이스 달린 짧은 청치마가 준비되었다.

패션쇼를 마치고 은근히 딸의 반응이 궁금했다. “엄마 어때?” 하고 물었더니, 당시 여덟 살쯤 되었던 딸은 “음 예쁜데, 치마가 좀……” 하고 말끝을 흐렸다. 치마가 어떠냐고 다시 묻자, 딸은 치마 밑으로 보이는 오른쪽 보조기를 가리키며, “그것도 보이고 해서 좀 이상해”라며 조그맣게 이야기했다. “안 보던 모습이라 낯설어서 그럴 거야” 하고 쿨한 척 넘겼다.

칠부바지 입고 외출하기

딸의 반응이 ‘멋지다’가 아니어서 실망하긴 했지만, 그래도 충격은 심하지 않았다. 스스로 보기에 평소보다 예뻐 보였기 때문일 수도 있고, 약간 들뜬 기분 탓도 있었으리라. 그때부터였는지 기억은 잘 나지 않지만, 그즈음부터 나름대로 비슷한 시도들을 조금씩 해왔다. 그 하나가 칠부바지를 입고 외출하는 것이었다.

평소 목발과 보조기를 사용하고 있는데, 긴 바지를 입어 보조기를 감추면 사람들은 잠시 다친 것으로 여기곤 한다. 장애인이라는 걸 의도적으로 감추고 싶을 때는 사고당한 비장애인인 척했다. 특히 택시를 타면 택시 기사의 질문이 쏟아지고, 사돈에 팔촌까지 아는 장애인을 들먹이며 동정과 편견 섞인 말들을 늘어놓는다. 처음부터 “아, 다쳤어요”라고 하면 상대방은 다친 이유만 물을 뿐 이런 말들로 기분을 망치지 않아도 된다.

그러니 여름에 긴 바지를 고수하다 칠부바지를 입었을 때, 난 더 이상

사고당한 비장애인으로 위장할 수 없는, 나름 큰 방어책을 포기한 것이었다. 그리고 더 쏟아지는(더 쏟아진다고 생각하는) 시선도 감수해야 했다. 남자 선배의 썩 좋지 않은 반응도 있었다. 그래도 괜찮았던 건 멋있다고, 시원해 보인다고 말해주는 장애여성 언니들 덕분이었다. 유니섹스 의상만 입다가 의도적으로 화장도 해보고, 하늘하늘한 블라우스도 입어 보는 새로운 시도를 이어갈 수 있던 것은 박수 쳐주는 언니들 덕이 크다.

약점은 감추라?

주위에는 나처럼 흔히 장애를 감추거나 '남자같이' 입고 다니는 장애여성들이 많다(물론 예외도 있다). 대놓고 장애를 드러내지 말라며 치마를 못 입게 하는 가족의 영향이 크다는 이들도 있고, 그런 영향을 받아 감추고 무관심하게 되다 보니 편한 스타일로만 입어온 이들도 있다. 치마를 입는다고 해도 화려한 색이나 디자인은 꺼리는 장애여성도 있다.

드러나게 혹은 암암리에 장애여성에게 금기시된 것들이 있다. 내게는 균형이 맞지 않는 다리, 다리를 지탱하는 쇠로 만들어진 보조기, 휘어진 허리, 두꺼운 팔뚝을 드러내는 것이 그랬다. 이런 몸을 의상이나 화장, 액세서리를 통해 강점으로 바꿔내긴 어려워 보인다. 동양적인 외모를 가진 모델의 콤플렉스였던 쌍꺼풀 없는 눈이 매력적인 장점으로 바뀌는 상황처럼, 장애가 시대나 유행에 맞춰 장점으로 변화되는 황당한 날이 온다면 모를까.

의도적으로 장애도 드러내고, 여성스러운 옷도 입고, 패션쇼 같은 퍼포먼스에도 참여해왔다. 생각해보면 내 몸의 약점일 수 있는 부분을 매력적인 강점으로 바꿀 수도 있다고 생각하기보다는 약점을 계속 감춰둔 채 다른 강점을 찾지 않겠다는 나름의 노력이었다. 내 몸의 약점은 무시한 채 공부나 직업 등으로 강점을 만든다고 해도 자존감을 찾기 어려웠던 내 경험에서 나온 판단이었다. 약점이라 생각해서 감추고, 외면하고, 튀지 않으려고, 여성스러움과는 어울리지 않다고 생각해서 못 해본 것들을 시도했다. 별것 아닌 것 같지만, 내게는 용기가 필요했던 '별것' 이었던 그런 시도들이 지나고 보니 나를 많이 바꿔놓은 것 같다.

'조금 더' 의 자유

이제 외모에 대한 선택의 폭은 이전보다 넓어졌고, 남들의 시선에서 조금 더 자유로워졌다. 외모에 대한 '조금 더' 의 자유는, 내가 할 수 있는 일의 범위와도 밀접하게 이어졌다. 솔직히 능력이 안 돼서 못했다기보다 동정 어린 시선을 받기 싫어서, 혹은 못 견뎌 포기한 일이 많았다. 특히 비장애인들 속에 있을 때 그렇다. 모임에 참석할 때는 약속 시간 전에 도착하려고 노력했다. 땀을 뻘뻘 흘리거나 얼굴이 벌게진 모습으로 들어가 시선을 집중시키기 싫었기 때문이다. 늦게 도착하면 모임 참여를 포기하기도 했다. 중간에 나갈 일이 생겨도 가급적 먼저 밖으로 나오지 않고 참았다. 혜택이 주어지는 일이라도 웬만하면 자진해서 앞에 나가지 않았다.

초등학교 때는 반 연극에서 '스크루지' 같은 주역도 했고, 깍두기를 하면서도 고무줄놀이에 빠지지 않았다. 하고 싶은 걸 포기할 만큼 주눅들진 않았다. 주위 친구들의 배려일 수도 있고, 당시에는 어려서 남의 시선에 그다지 민감하지 않았기 때문일 수도 있다.

어쩌면 어린 시절 그 자유를 다시 되찾고 있는 과정일지도 모르겠다. 외모에 꽂히는 시선에서 점차 자유로워지면서, 행동도 자유로워짐을 느낀다. 물론 장애인끼리 모여 있을 때는 더 자유롭다. 기어 다니는 모습을 보여주기 싫어했지만 좌식배구를 하며 기쁨을 느꼈고, 포켓볼을 치고, 나이트클럽에 가서 춤도 춰봤다. 재작년인가 대학 축제를 관람하기 위해 긴 줄을 서기도 했다. 비장애인 언니와 함께였는데, "다리도 불편한데……"라고 말하는 듯한 시선이 계속 신경 쓰였다. 그러나 실제로 그 많은 사람들 중 나에게 신경을 쓴 이는 고작 몇 명 되지도 않았을 것이다. 막상 공연이 시작되자 시선의 불편함 따위는 전혀 느껴지지 않았고 한껏 재충전한 시간이었다.

아직도 난 어디서나 눈에 띄는 내 몸이 피곤하다. 시선에서 완전 자유롭지도 못하고, 불편한 시선이 여전히 존재하기 때문이기도 할 것이다. 그래도 예전보다 상대적으로 자유롭고 마음이 편해진 덕분에 희망이 생기니 기분이 좋다. 목발을 한 개에서 두 개로 늘렸는데, 이제 손목도 발목도 무릎도 휠체어를 탈 때가 되어온다고 준비를 하란다. 우리 언니는 내가 휠체어를 탈 예정이라는 말에 "그런 말 마라"며 단호한 거부 반응을 보인다. 운동이 부족해 점점 몸무게가 늘자 딸은 내 몸이 밉다며 자꾸 살을 빼라고 구박한다. 또다시 새로운 약점이 될 조짐이 보이는 휠체어와 비만은 다른 방식으로 나의 몸에 타인의 시선을 꽂을 것이다. 그 시선에 맞설 새로운 지혜를 모을 때다.

자·유·로·움·찾·기

내 몸이 느꼈던 자유로움을 찾아서

문득 몸에 갇히다?

한 유명인이 텔레비전에서 "자연스럽게 거리를 돌아다니는 기분이 궁금하다"고 말한다. '음, 나도 궁금한데……" 고개가 절로 끄덕여진다. 사람들이 북적이는 거리를 걸을 때, 다른 사람의 시선이 신경이 쓰이는 것은 나와 비슷한가 보다. 다른 점은 그녀는 매우 '예뻐서' 일 것이고, 나는 '장애' 때문이라는 것이다.

요즘은 조금 다르다. 실제로 쳐다보지 않고, 누가 쳐다본다는 느낌을 받지도 않는다. 남의 시선에 신경 쓰이는 것은 단지 나 혼자만의 느낌이다. 시쳇말로 '혼자 영화 찍고 있는 중' 이다. 내 몸의 움직임도 굉장히 생생하게 느껴진다. 목발을 짚으며 걷고, 몸이 흔들리고 있으며 오른쪽 발을 딛지 않고 그저 무겁게 들어 옮긴다. 몸무게가 늘어 걷기가 더 힘들어져서일까, 예전에는 어땠을까. 대개 무의식적으로 걷거나, 다른 생각에 빠져 있어 내 몸을 별로 의식하지 않았다.

이런 몸의 새로운 느낌을 표현하기는 어려운데 유쾌하지는 않다. 장애가 있는 내 몸에 갇혀버리는 느낌이라고나 할까. '곧 지나가겠지' 하면서도 약간의 불안감이 맴돈다. 최근에 몸에 대해 관심을 많이 가져서일까, 날씬하고 예쁘고 젊은 비장애여성들과 많은 시간을 보내고 있어서일까.

그런데 얼마 전 이런 불안감을 조금이나마 덜 수 있는 방법을 찾게 되었다(찾은 척하면서 불안을 떨어내고자 하는 욕망일지도 모르지만). 언젠가 내 몸이 나름 충분히 자유로웠던 상황을 떠올리자, 그때 몸의 느낌이 함께 기억났다.

여행에서 얻은 몸의 자유

여행을 하면서 자신이 평소와 달라졌다는 경험에 대해 흔히 듣는다. 언제부터인지 나도 여행을 떠나면 매우 크게 변한다는 사실을 알게 되었다. 웃음이 실실 터져 나오고 사소한 일도 상당히 웃기다고 느끼며, 크게 떠들기도 한다. 말이 많아지고 노느라 밤을 지새우고 물건도 잘 챙기지 않으며, 심하게 헐렁헐렁해진다.

특히 몇 번 짧은 일정으로 외국에 갔을 때 그랬다. 외국에 가면 종종 목발을 짚은 몸에서 휠체어를 탄 몸으로 변신한다. 한국에서는 시간, 교통수단, 도로 상태 등 여러 가지 이유로 휠체어를 이용하지 않는데, 장애인을 위한 편의 시설이 잘 갖추어진 국가에선 거부할 이유가 없다.

언젠가 해질 무렵 전동휠체어나 수동휠체어를 탄 이들이 모여 우르르 근처 항구로 산책을 나섰다. 항상 전동휠체어를 사용해온 이들은 더욱 거침이 없었다. 그래서 간만에 수동휠체어를 타고 앞에 가는 전동휠체어 뒤의 손잡이를 잡고 몸을 맡겼다(기차놀이 같기도 하다). 손수 휠체

어를 밀지 않아도 되니 팔도 아프지 않을 뿐더러 속도감도 있어 좋았다. 또 눈에 확 띄는 '이상한' 몸들이 여럿 몰려 다녀도 전혀 따라붙는 시선이 없었다. 어쩌면 이미 우리에게 시선 따위는 상관없는 상황이었기 때문에 느끼지 못한 것일 수도 있다.

한번은 강변을 따라 길게 뻗은 자전거길을 따라 전동휠체어를 타고 달렸다. 평소에도 바람을 좋아하는 터라, 시원한 바람을 온몸으로 맞으며 달렸던 그 느낌이 아직도 생생하다. 길가의 버드나무가 바람에 흔들리고 있었다. 자동차 안에서 느끼는 속도감, 바람과는 사뭇 달랐다. 막연히 상상해보던, 뛰거나 자전거를 탈 때의 느낌과 비슷하지 않을까 싶다.

이 단편적인 기억들을 떠올리니 다시 웃음이 흘러나오고 몸이 근질근질하다. 비장애인의 눈으로 본다면, 혹은 '정상'을 구분하는 기준으로 본다면 별것 아닌 움직임일 수도 있다. 목발을 짚거나 휠체어를 타거나 모두 손상된 몸의 제한된 경험일 뿐일 수도 있다. 그러나 당시 나는 평소와는 다르게 한순간에 몸의 자유를 느낀 것이다. 비장애인의 몸이 되어본 적이 없으니 비교는 어렵겠지만, 내 경험으로는 최고였다.

목발을 짚었을 때는 불가능한데 휠체어를 이용하면 비장애인과 비슷한 속도감을 느낄 수 있었기 때문이었을까. 그렇다면 영화 〈아바타〉에서처럼 장애가 있는 몸을 탈출하고자 하는 욕망에까지 이르게 되지 않을까. 단순히 몸의 기능적 향상 때문만은 아닌 듯하다.

내 몸이 자유를 느낄 시간과 공간을 찾아서

내 몸에 꽂히는 시선 또는 꽂힐 것이라는 생각으로부터의 자유로움도

빠뜨릴 수 없다. 한국에 있을 때도 보기 어려웠던 뮤지컬 〈맘마미아〉를 몇 년 전 외국에서 보았다. 물론 영어라서 완전히 이해할 수 없으니 대충 내용만 이해하며 보았지만, 볼 때만큼은 노래와 춤에 한껏 빠져들어 가슴이 두근거리고 얼굴까지 화끈거렸다. 뮤지컬이 끝난 후 극장 앞에서 우리 일행은 평소 피우지도 않던 담배를 빌려 함께 피웠다. 피우던 담배 맛은 기억이 나지 않지만, 수많은 인파 안에서 낄낄대며 내뿜던 연기 속에서 맛보았던 그 흥분은 짜릿하게 남아 있다. 아는 사람이 없는 지리적으로 먼 공간이 주는 해방감, 잘 갖추어진 편의 시설, 사람들에 대한 편안한 느낌이 더해져 가능한 일이었다.

멀리 공간 이동을 하지 않더라도 장애인들끼리 있을 때 느끼는 편안함도 한몫한다. 오래전 한 장애여성 캠프에 갔을 때, 야외에서 한밤중까지 춤추는 시간을 가진 적이 있다. 모닥불 옆에서 리듬에 맞춰 춤을 추었다. 기억이 어렴풋하지만 나는 목발로 스텝을 꽤 잘 밟았다.

그전에 나이트클럽에서 박수를 치며 상체만 움직였던 때와는 확실히 달랐다. 목발을 움직이면 내 몸은 불안정해지지만 그 불안정이 곧 흥을 이끌었다. 내 뜻대로 몸이 움직여주든 아니든 상관없었다. 누구에게 어떻게 보일지도 상관없었다. 몸의 움직임을 느끼는 그 자체를 즐기는 법을 터득한 것이다.

'나도 이렇게 자유로운 몸을 느꼈던 순간이 분명 있었구나!' 그때의 느낌을 떠올리면서, 요즘 들어 '내 몸에 갇힌 이상한 느낌'이 계속될지 모른다는 불안감을 줄일 수 있었다. 일상적으로 내 몸의 장애는 별것 아닌 것이 되기도 하고 문득 나를 더 제약하기도 한다. 그리고 가끔씩 자유로움도 느낄 수 있음을 새삼 깨닫는 순간이 있다.

나에게 지금 필요한 것은 기억을 더듬기보다 어떤 방식으로든 내 몸의 자유를 느낄 시간과 공간으로 들어가는 것이다. 내 몸도 충분히 자유를 느낄 수 있다는 사실을 잊어버렸다. 그러니 자꾸 부정적으로 '몸에 갇힌 느낌'만 생각하고 과장했는지도 모르겠다. 스스로 마음을 다잡기에만 몰두하지 말고, 잠시 내 몸의 긴장을 풀어줄 만한 숨 쉴 곳, 내 몸의 자유 공간을 어디에서 찾을지 생각해봐야겠다.

유·연·해·지·기

조각난 경험을 붙여보며

불편한 다리로

장애여성으로서 아이를 갖고, 낳고, 기르는 일에 대해 이야기해야 될 때가 종종 있었다. 6~7년 전 딸의 나이가 일고여덟 즈음이었다. 경험을 말하는 데 심리적으로 갈등이 있었다.

그중 하나는 장애여성의 문제를 정책으로나 이슈로 다루기 위해 '엄마 역할의 어려움'에 대해서 말하게 될 때였다. 자칫하면 '장애여성이 엄마 역할을 하는 것은 부적당하다'고 오해할 소지가 있다고 느꼈던 것이다. 장애여성들도 비장애여성과는 다른 방식으로 육아의 기쁨과 노하우를 가지고 있다고 아무리 설명하려 해도, 이런 말들은 '부족한 엄마에게서 크는 불쌍한 아이'의 이야기가 되어버리곤 했다. 특히 텔레비전에서 이미지로 재현될 때 더욱 심했다. 슬픈 배경음악과 "다리가 불편한, 미안한 마음으로, 힘들게"라는 내레이션이 반복되는 것도 한몫했다.

이렇게 동정적으로 그려지는 분위기에서 주위의 장애가 있는 엄마들은 지나친 죄책감을 갖거나 혹은 아이에게 잘하려고 과도하게 노력하고 있었다. 나 또한 정신 차리지 않으면 어느새 자존감이 바닥을 치고, 이를 만회하기 위해 무리한 노력을 하기 일쑤였다. 한번은 "손빨래를 하다가 살갗이 약간 벗겨졌다"는 나의 말에, "난 절대 손빨래 안 하는데"라는 비장애 엄마의 말이 돌아왔다. 아차, 싶었다.

대단하다, 대단하다

이런 동정적이고 부정적인 시선 때문에 갖게 되는 딜레마와 달리, 경험을 이야기하며 느낀 또 다른 갈등은 '우리들의 엄마 노릇이 가치 있다고 과대 포장되는 게 아닌가' 싶은 우려 때문이었다. 실제로 엄마 역할을 힘들어하면서도 스스로 굉장히 의미 부여하는 장애여성들이 있다. 이런 태도는 아이를 낳아야 하는 이유, 모성에 대한 칭송으로 이어지는 경우가 많았다.

한때 텔레비전에서 장애여성의 임신, 출산, 양육을 주제로 한 다큐멘터리가 다수 방영되었는데, '목숨을 건' 또는 '심각한 건강 악화'에도 불구하고 임신하고 출산한 여성에 대해 극찬하는 내용이 적지 않았다. 당시에는 장애여성의 임신, 출산이 부정적으로 비치는 데 대한 전환점이 될 수도 있다고 생각했다. 그러나 그렇게 위험을 무릅써가며 임신과 출산을 하는 과정에 대해 점차 다시 생각하게 되었다. 물론 개인 선택의 결과이겠지만, 사회에 속한 이상 그 사회 분위기에서 완전히 자유로운 선택을 하는 사람은 없으니 말이다.

이런 엄마 역할에 대한 지나친 극찬으로 어떤 이들은 곤란을 겪게 된다. 예를 들어, 아이를 낳지 않는 장애인 부부나 혹은 결혼을 하지 않거나 아이를 낳지 않겠다는 비혼 장애여성은 두려움을 극복하지 못한 나

약한 존재처럼 대우받기 십상이다. 또한 '대단하다, 대단하다'는 감탄사는 실제 여러 차별을 겪으면서 결혼을 포기한 어려운 장애여성들을 상대적으로 대단하지 않은 존재로 만드는 것이기도 하다. 반면, 젊은 미혼 장애여성들이 엄마가 되는 것을 너무도 열망하게 만드는 하나의 기제가 된다. 이는 다른 활동에서 만족을 찾기보다 연애와 결혼에 집착하는 태도를 낳기도 한다.

이렇듯 상당히 극단적인 상황에서, 내 경험을 스스럼없이 말하기란 쉽지 않았고 속이 복닥복닥거렸다. '아이 때문에 웃기도 울기도 한다'는 말처럼 여러 다양한 상황과 감정을 이야기하더라도, 내 경험은 가위로 오려져 필요한 부분만 스크랩되었다. 그리고 나 또한 상황에 맞춰 한쪽 측면만 말해야 될 것 같은 강박을 느꼈다. 장애여성이라는 이유로 배제되어온 것에 대한 반작용으로 지나치게 칭송되는 극단적인 문화가 육아와 관련해서는 더욱 심하게 느껴진다. 때문에 아이를 선택하거나 선택하지 않기(못하기)가 상당히 힘들고, 실제로 엄마 역할을 하고 있는 사람도 부정적인 태도와 극찬의 태도 사이에서 힘들어한다. 나 또한 그랬듯이.

이제 조금 더 유연하고 편하게 선택할 수 있고, 다양하게 사는 삶도 인정될 수 있으면 좋겠다. 아이를 낳을지, 안 낳을지 결정하거나 아이를 키우는 데 남의 눈치 보지 않고 소신대로 살 수 있었으면 하는 바람이다. 아이를 낳고 기르는 데 장애가 큰 걸림돌이 되거나 큰 강박이 되지 않길 말이다. 이쯤 되어야 내가 아이를 갖고 낳아 기른 이야기를 마음 편히 할 수 있지 않을까. 뭐라 표현하기 어려운 싸한 눈빛, "자기 몸도 간수하기 어려운데 아이도 키운다"며 흘리는 눈물, 나중에 아이가 부모 때문에 마음고생 할 테니 하나 더 낳으라는 말, 이런 것들이 좀 덜해진다면 말하기도 수월해질 텐데 아쉽다.

이제는 말할 수 있다

딸아이가 열여섯이 되었다. 아직 사람들의 편견은 많이 변하지 않았지만, 그 편견과는 별개로 어느 정도 힘든 시기를 지내고 나서인지 예전보다 조금 더 편하게, 육아 이야기를 풀어놓을 수 있을 듯하다.

결혼하고 1년쯤 뒤에 임신을 했다. 기쁨보다는 두려움으로 마음이 무척 힘들었다. 장애정체성이니 자아존중감들은 쌓기는 어렵지만 무너지는 것은 일순간인 도미노 같았다. 아이가 배 속에 있을 때부터 내 아이가 커서 어린이집부터 고등학교까지 다니는 모습을 상상했고, '나 때문에 놀림을 받는다면? 학교 행사에 가야 하나? 나 때문에 방황한다면?' 등등 세상의 편견을 담은 막장드라마를 여러 편 찍었다. 어쩌면 당연한 일이었다. 그때까지 나는 주위에서 장애여성들이 아이 기르는 모습을 접하지 못했다. 텔레비전에서도 마찬가지였다. 온전히 상상에 의존할 수밖에 없었다.

마음이 복잡한데 직장에서 일하며 시간을 보낼 수 있었던 것이 어쩌면 다행이었다. 대부분 앉아서 하는 일이고 배도 많이 부른 편이 아니어서 염려했던 것만큼은 힘들지 않았다. 게다가 입덧도 별로 하지 않았다. 다만 혹시 넘어질까 봐 상당히 조심스러웠다. 목발 끝의 고무가 미끄러운 데다가 무거운 몸에 목발이 부러지기도 했기 때문이다. 다행히 회사에서 육아휴직을 사용할 수 있어 산전 2개월부터는 집에서 쉴 수 있었다.

처음 다니던 개인병원 의사의 권유로 대학병원으로 검진을 받으러 다녔다. 의사가 내 골반의 불균형을 이유로 제왕절개를 권했고, 정보를 구할 곳도 없어 권유에 따랐다. 그런데 출산 후에 보니 나보다 중증인 장애여성도 자연분만을 한 경우가 더러 있었다.

딸을 출산했다. 비장애인 산모들과 달리 회복이 늦었다. 산후 조리는 친정엄마의 몫이었다. 더운 여름에 출산을 해서 친정엄마도 나도 아이도 고생을 했다. 산후에 감정도 잘 조절되지 않았고 임신 중에 했던 걱정도 계속 남아 있어 우울했다. 아이와 집에만 있다 보니 너무 답답하고 힘이 들어 2개월 만에 직장으로 복귀했다. 육아휴직이 있어도 인력이 보강될 정도는 아니었기에 오래 쉬기도 미안한 형편이었다.

아이는 친정에 맡겼다. 거리상 주 중에는 가보지 못하고 주말에만 가서 아이를 보는 생활이 시작되었다. 남편과 함께 가기도 했지만 당시 남편은 일이 바빠서 주말에도 못 쉬는 경우가 많아 혼자서 아이를 보는 일이 다반사였다. 이미 친정엄마가 서서 달래주는 맛을 알아버린 아이는 한 번 울면 앉아서 달래기가 영 힘들었다. 그러니 울리지 않기 위해 정말 혼신의 힘을 다해 놀아주었다. 한창 걸음마를 시작해 밖에 나가고 싶어 할 시기가 되자 집에서 혼자 아이 보기는 점점 힘들었다. 몸이 힘든 것보다는 혼자 있으면 갑작스런 상황이나 사고에 대처하지 못할지도 모른다는 막연한 불안감에 더 힘들었다.

아이가 해달라는 대로 못 해줄 때는 미안하기도 했다. 물론 나름 내 방식대로 최선을 다했으니 괜찮다고 마음을 굳게 먹었다. 언젠가 공원에서 서너 살 된 아이 몸에 끈을 묶고 다니는 것을 본 적이 있다. 그 끈이 있다면 아이를 데리고 동네 앞 정도는 나갈 수도 있으리라 생각했지만 감히 시도할 수 없었다. 아마 그랬다면 보는 사람마다 혀를 찰 것을 알았기 때문이다. 그래도 당시 아이가 주었던 소소한 기쁨은 모든 힘듦을 상쇄시킬 만했다. 박박 기어가다 뒤를 한 번 돌아보는 습관도, 머리카락이 쭉 뻗친 모습도, '예쁜 짓' 한다고 눈웃음치던 모습도…….

아이는 네 살이 되어서야 친정에서 우리 집으로 왔다. 아침이면 어린이집에 보내고, 일을 가고, 또 어린이집에서 올 때 맞춰 퇴근하고, 아이를 보는 생활이 반복되었다. 밤에 아프기라도 하면 밤새 잠 한숨 못 자고 다음 날 출근하고, 종종 유행병에 걸리면 친정엄마에게 맡기면서 한시도 몸의 긴장을 늦출 수 없었다. 게다가 장애가 있는 엄마라도 아이를 잘 키운다는 것을 증명하기 위해 신경 쓰는 일도 만만치 않았다.

그래도 이렇게 그 시기를 버틸 수 있었던 것은 당시 장애여성 언니들과 모임을 만들어 장애여성 문제에 대해 같이 고민하고 공부한 덕분이다. 장애인으로서의 정체성과 자존감이 다 무너지고 나서야, 비로소 장애여성으로서의 정체성과 자존감이 중요했음을 깨달았다. 남편도 장애인이지만 아이를 키우는 일에서는 나만큼 힘들거나 스트레스를 받지는 않았다.

자라면서 여성의 역할을 기대받지 못하고 성장해온 나는, 유난히 엄마의 역할에 대한 기대치가 높은 분위기에 맞춰가려면 어려움을 호소하고 지지받고 함께 방법을 모색할 사람들이 필요했다. 아마 그렇게 기댈 곳이 없었다면 가랑이가 찢어지고 눈물 마를 날이 없었을 것이다.

딸아이가 초등학교 1학년이었던 때 급식 당번에 참석하지 못한 일로 딸아이와 갈등의 시기를 겪었다. 오히려 급식 당번 폐지 운동에 참여하며 적극적으로 헤쳐가려고 노력했다. 이후에도 학교 행사에는 남편과 적절히 분담해 참여하기도 하고 어떤 때는 불참하기도 했다. 생각처럼 아이는 부모가 장애인이라고 놀림을 받지도 않았고, 받아도 별로 신경 쓰지 않았다. 삐뚤어지지도 않았다.

이제 딸아이는 열여섯이 되어 스스로 하는 일이 많아지고 오히려 심부름을 하기도 하니 예전에 비하면 몸이 편하다. 지나가다 어린아이들을 보면 나는 언제 다 키웠나 싶다. 그래도 사람이 참 간사하다고 고생스러웠던 일보다 기뻤던 일, 웃겼던 일들이 먼저 더 많이 떠오른다. 가끔 아이에게 "네가 없었으면 무슨 재미로 살았나 몰라"라고 한다. 물론 결혼하지 않고 아이를 키우지 않았어도 다른 재미들을 찾으며 다른 삶을 살았을 것이다. 그러나 아이를 키우면서 얻은 기쁨이 많다. 더불어 장애여성의 모성권에 대해서도 많이 고민할 수 있었고, 변화시키려 노력하는 과정에서 얻은 것도 많다.

딸아이는 가끔 내 속을 썩이면서도, 이제 내가 아플 때 약도 사다 주고, 얼굴이 어두우면 무슨 일이 있었느냐고 물어봐 준다. 함께 생리통에 대해 공감하고, 생리할 때 서로 '봉양' 해주기도 한다. 요즘은 애정 표현이 넘쳐서 행복한 비명을 지르고 있다. 앞으로 시간이 지나면서 또 어떤 어려움이 있을지 모르지만 이제 딸아이와 서로 이야기하며 해결할 수 있으리라는 자신감이 있다. 두려움보다 함께할 더 많은 일들에 대한 기대감이 더 크다.

공·감·하·기

그녀와 소통하고 싶다면

▌명랑시인 **장정임**을 만나다

햇살 좋은 날, 드디어 정임 씨와 온전히 둘이서 긴 시간을 마주했다. '명랑시인'이라는 닉네임으로 소개한 그녀를 처음 만났을 때, 약간 붉어진 볼과 수줍게 웃는 모습에 호감이 갔다. '명랑시인'은 정임 씨가 다니는 교회의 목사님이 지어준 별명이다. 평소 교회 신문이나 주보에 글을 신던 그녀에게 명랑하다며 지어준 것이다. 별명처럼 실제 시인 지망생이기도 한 그녀는 지금은 아버지가 하고 있는 일을 도와 쇼핑몰을 준비 중이다. 그런데 언어장애가 있는 그녀와 말을 주고받는 데 제한이 있다 보니 가까워지기 쉽지 않았다. 평소에 말을 알아듣기 어렵고 속도가 느린 뇌병변 장애여성들과 함께 일을 하더라도 깊이 있는 이야기를 나누기 쉽지 않았다. 때로는 몸의 다른 기능, 즉 걷거나 손을 쓰는 기능이 중증장애인 경우보다 더하다. 그래서 인터뷰를 기회로 꼭 정임 씨를 만나 그녀와 못다 한 이야기를 나누고 싶었다.

앞에 나가 이야기하기의 어려움

정임 씨를 만난 곳은 한 장애여성단체가 주최한 의사소통 관련 프로그램에서였다. 그녀는 뇌병변장애인이다. 뇌병변장애는 뇌와 연관된 장애인데, 이동 능력이나 일상생활 수행 능력이 저하된다. 또 근육 긴장으로 인해 언어 기능 장애를 동반하기도 한다. 청각장애인의 경우 수화통역사를 통해 소통할 수 있지만, 뇌병변장애인에게는 해결하기 힘든 또 다른 소통의 어려움이 있다. 그러다 보니 그녀들의 생각과 경험을 같이 나누는 일은 드물다.

정임 씨는 말을 시작할 때 첫 단어가 나오기까지 얼마간 시간이 걸렸고, 목소리도 작았다. 처음에는 언어장애가 심해서 들리지 않는 줄 알았다. 그런데 주변 사람들이 조용히 하면 목소리가 작아도 알아듣는 데 무리가 없었다. 정임 씨는 오히려 주변 사람들이 조용히 그녀의 말에 귀 기울일수록 사람들의 시선이 모두 자기에게 쏠려서 부담스럽다고 한다. 이번에 정임 씨가 참여했던 모임에서도 구성원들이 돌아가면서 한마디씩 이야기하는 게 힘들었다. 다른 뇌병변장애인들이 말하듯이 그녀도 평상시 몸 상태에 따라 발음에 차이가 있다. 본인이 많이 느낄 정도로 차이가 있다는 것이다. 특히 사람들 앞에 서면 더욱 심해진다.

"컨디션이 좋으면 괜찮은데 몸이 무거울 때는 발음도 잘 안 들려요. 그리고 사람들 앞에 나서면 몸이 경직돼요. (경직되면) 얼굴이 빨개지고 말이 잘 안 돼요."

그래서 그녀는 "자신감이 없고 소심해서, 남들 앞에서 이야기하고 앞에 나서는 게 두려워요. 다른 사람도 힘들겠지만 제가 더 힘들잖아요.

극복하고 싶어서" 모임에 참여했다고 한다. 정임 씨는 성장하면서 점차 많은 사람들을 만나게 되고, 본인이 원치 않아도 말을 해야 할 때가 많아질수록 고민이 커졌다. 특히 교회 활동을 하면서 많은 모임에 참석하고 종종 기도를 할 때 지장이 있다고 한다.

그녀가 이렇게 남들 앞에서 말하기 어려워진 큰 이유로 '자신감 없고 소심한 성격'을 들었다. 어려서부터 집 밖에서는 자신감 있게 지낸 적이 별로 없단다. 사실 어렸을 때는 본인이 장애인이라는 사실을 잘 인지하지 못했다. 그런데 초등학교에 입학하자 남학생들이 '기형아'라고 놀려댔다. "왜 내가 기형아야?"라고 따지면 더 짓궂게 그녀의 행동을 따라 했다고 한다. 게다가 발표하거나 책을 읽을 때 '말이 어눌하니' 웃는 아이들도 있어 점점 쭈뼛거리게 되었다. 이런 일들이 그녀의 성격에 영향을 미친 것 같다고 한다. 잠시 동안 멘토의 도움으로 자신감이 생겼던 시기가 있었다.

"제게 자신감 있는 모습을 보여주기도 하고, 할 수 있다면서 좋은 말씀을 해주셨어요."

그분이 개인적인 사정으로 멀리 가게 되어 만나지 못하면서 조금이나마 상승했던 자신감은 다시 원점으로 돌아왔다.

고무줄처럼 늘었다 줄었다 하게 만드는 무엇

언어로 소통하는 데 어려움을 겪는다고 토로하는 그녀가 나를 놀라게

한 일이 있다. 인터뷰를 부탁하기 위해 전화했을 때였다. 말을 한 후 정임 씨의 대답을 기다리고 있었다. 그런데 평상시와 달리 첫 단어를 말하는데 전혀 시간을 들이지 않고 술술 답하는 것이었다. 발음도 더 명확히 들렸다. 문자를 나눈 적은 있어도 통화는 그때가 처음이었다. 내가 알고 지내는 주변의 뇌병변장애인들은 오히려 전화 통화를 할 때 발음을 알아듣기 더욱 어려웠다. 만나서 이 이야기를 전하자, 본인도 20대 초반에야 아는 사람이 말해주어서 알게 되었다고 한다. 전화로 말하는 게 더 편하다는 그녀는 "대면을 하면 제 모습이 보이잖아요. 말할 때 조금 부자연스럽잖아요. 표정이라든가, 몸이라든가. 그걸 인식하는 거 같아요" 라고 설명했다. 말을 하려고 힘을 주면 여러 근육이 긴장되어서 얼굴 표정이 마음먹은 대로 잘 안 되거나 몸이 조금씩 움직이는 것이 신경 쓰였나 보다.

그녀의 언어 전달 정도는 마치 고무줄같이 늘었다 줄었다 한다. 많은 사람들 앞에 나설 때와는 달리, 가족이나 친구들과 있을 때는 어려움을 거의 못 느낀다. 어려서부터 학교에서와 집에서의 성격이 완전히 다르다고 할 정도로 집에서는 "할 소리 다 하"는 그녀였다. 친구들과 이야기할 때도 친구들이 잘 들어준다며 "내가 이야기하면 듣고, 공감하고, 거기에 해결책도 제시해준다"고 한다. 상황에 따라 언어로 소통되는 정도가 다르리라 짐작했지만, 생각보다 그 간극이 훨씬 큰 듯하다. 그녀의 성격 차이만큼이나 말이다.

무엇이 정임 씨의 성격과 언어 전달 정도에 간극을 만들고 있는지, 그녀가 말하는 데 불편하게 혹은 편안하게 만들고 있는지 궁금했다. 그녀는 모임의 규모가 크면 더 편하지 않다고 한다. 모임이 클수록 참여하는 사람이 많기 때문이다. 또 "관심 있게 들어줄 때도 있지만 자기들끼리 이야기하거나 딴짓하는" 등의 분위기도 자신의 행동을 좌우한다고 말한다. 그래서 큰 규모의 모임이나 사람들이 경청하지 않는 분위기에서는 말을 하지 않고 대부분 '패스' 한다. 그러면 사람들이 억지로 시킬 때도 있지만 정임 씨는 "제가 고집이 세서"라며 거절해왔다고 한다. 이런 의사 소통의 어려움이 집단 내에서의 활동에 어려움을 느끼게 했다.

미안한 감정이 덮기 쉬운 것

직장에서도 이런 언어적 측면이 제약으로 작동했다. 그녀는 얼마 전 직장을 그만두었다. 언어를 통한 의사소통이 원활하지 못했던 부분도 영향을 미쳤다고 한다. 업무 지시를 반복해서 들어도 자꾸 잊어버리는 일이 계속되고, 실수를 하게 되면서 상사와의 갈등이 심화되었다. 그런데 말을 듣다 보니 정임 씨의 행동은 의사소통을 비롯한 몸의 조건과 긴밀하게 연결되어 있다는 생각이 들었다. 사장과 직접 대면하기보다 전화로 지시를 받는 경우가 많았던 그녀는 당시의 어려움을 말했다.

"전화를 받으면 한 손으로 메모해야 되는데 한쪽 손이 부자연스럽잖아요. 그러면 (들은 내용을) 기억해야 하는데 한 번 들어서 안 되니까 또 물어보는데 그냥 끊어버리더라고요. (…) 언어장애가 있으니까 말을 잘 안 하게 돼요. 사장님이 사무실에 들어오면 반겨줘야 하는데 오셨느냐고 인사만 하고 바로 앉아 제자리에서 일하니까 조금 맘에 안 들었나 봐요."

업무뿐만 아니라 직장 구성원 사이에 친밀함을 쌓아야 하는 일 등 일상생활에서 요구되는 역할을 수행하는 데도 그녀의 언어장애와 몸의 조건이 영향을 미치고 있었다. 이런 상황이 계속되자 그녀는 사람들과의 관계가 더욱 악화되기 전에 직장을 그만두기로 결정했다.

사장이 먼저 전화를 끊었을 때 기분을 묻자, "화가 나기보다는 내가 잘못했나?" 하는 생각이 들었다고 대답했다. 그리고 "대인관계에서 답답하기도 하고 미안한 감정도 있어요. 똑같이 사장님한테도"라며 원망하기보다 자신의 탓으로 생각하는 듯했다. 그녀는 자신의 생각과 감정을 가족이나 친구들에게 잘 전달하고 있다고 하면서도, 한편으로는 미안한 감정도 가지고 있음을 표현했다.

"말이 생각하는 대로 안 되니까 스스로 답답하고 상대방한테 미안하고 그래요. 다른 사람들은 같이 이야기하면 의사소통도 잘 되고 수다도 잘 떨고 그럴 텐데 저는 못해주잖아요. 그래서 미안해요."

이런 정임 씨의 미안한 감정에 공감이 갔다. 나 또한 아무리 서로 좋아서 만나는 친한 친구라 해도 여러 가지 도움을 받거나 귀찮은 일들을 만들어주게 되고 함께할 수 없는 일들도 있어서 문득 미안하기도 하고 고맙기도 하다는 생각이 들기 때문이다. 그럼에도 어떤 문제에 직면할 때, 미안함 때문에 자신의 탓으로 돌리기 쉽다는 생각에 안타까운 마음도 들었다.

기다릴 시간

그녀는 이제 자신의 모습에 변화를 꾀하고 있다. 자신이 장애로 놀림당한 상처 때문에 그러지 말아야 한다는 마음이 있었지만, 학교에 다니던 다른 장애학생들에게 오히려 거부감이 들었다고 한다. "장애의 '장'자만 들어도 안 좋아하고 멀리했다"는 그녀가 장애인들과 어울리고자 한 건, 그만큼 자신의 장애를 인정하려는 노력을 시작했다는 것이 아닐까. 이번 의사소통 프로그램을 수강한 것도 그런 노력의 일부이다. 그 과정을 수료한 후 그녀는 자신의 경험을 토대로 사람들 앞에서 강의를 했다. 예전에 교회에서 드물게라도 말을 해봤을 때는 "말했다는 것 자체가 후련했다"고 했는데, 그보다 자신의 삶과 연관된 주제를 오랜 시간 온전히 자신이 꾸려간 것은 조금은 다른 느낌이었으리라. 수강생은 소규모였지만 그녀는 그 기회를 통해 "많이는 아니고 조금 자신감이 생겼"다고 한다. 강의 당시 언어 전달을 잘하기 위해 프레젠테이션을 이용했다. 그녀는 이런 기회를 다시 만들거나, 주어지면 하고 싶다고 했다. 이렇게 자신의 몸의 조건에 적합한 환경을 고려하며 경험들이 쌓인다면 그녀가 말하는데 긴장하는 일은 줄어들지 모른다.

물론 정임 씨와의 소통을 위해 그녀가 하는 노력만으로 해결할 수 있는 것도 한계가 있다. 무엇보다 소통은 쌍방향일 수밖에 없으니까 말이다. 그녀에게 조금 더 편하게 말할 수 있도록 상대방이 갖춰야 할 조건이 무엇인지 묻자 "기다릴 시간"이라고 한다. "말하기 편할 때, 아까 말했던 것처럼 경직되면 기다릴" 시간 말이다. 공감이 간다. 나 또한 상대방이 내 느린 걸음의 속도를 맞춰주길 바라는 마음이 크다. 계단만이 비장애인과 장애인을 갈라놓는 게 아니니 말이다.

그녀는 내 걸음 속도를 잘 맞춰주었다. 그런데 나는 그녀의 말을 기다리는 데 솔직히 인내심이 필요했다. 인터뷰 시간을 넉넉히 생각해두었지만, 뒤에 정해진 스케줄이 있었고, 더 많은 이야기를 듣고 싶은 욕심에 자꾸 그녀의 침묵을 끊고 이러한 것이 맞느냐고 물어댔다. 바로 '아! 이러면 안 되는데' 하면서도 또다시 그랬다. 그동안 내가 그녀와 많은 대화를 못 나눈 것은 그녀의 언어 때문이 아니라, 내가 "기다릴 시간"을 가질 마음의 여유와 태도가 부족했기 때문이었다.

앞으로 기다림을 몸에 익히는 노력이 계속되어야 할 것 같다. 문득 그녀는 목발 짚은 나와 다니면서 어땠을지 궁금해진다. 그녀와 가까워지기 위해 서로 알아가고 맞춰봐야 할 무궁무진한 일들은 다음 만남을 약속하는 것으로 남겨두었다.

못다 한 이야기

그녀들의 수다

사회_ 이호선

녹취 및 정리_ 강다연

원고를 마무리할 즈음, 우리 다섯 명의 저자들이 다시 모였다. 시시때때로 모여 서로의 글을 보고 이야기를 나누었다. 하지만 각자 글을 쓰는 과정에서 느낀 솔직한 속마음까지는 알 수 없었다. 여전히 글에서 다 풀어내지 못한 이야기도 남아 있었다. 과연 우리들의 글이 독자들에게 어떻게 다가갈지, 다른 장애여성에 대한 이야기를 제대로 담은 건지도 궁금했다.

4월 어느 날, 장애여성네트워크 사무실이 있는 서울 대방동 여성플라자에 모여 글을 쓰는 동안 속에 담아두었던 말들을 하나둘 꺼내놓았다. 이 자리에는 비장애인의 시각에서 의견을 들려준 〈일다〉의 박희정 편집장도 함께했다.

나를 돌아보며

이호선_ 먼저, '나는 왜 이 이야기를 했는가'에 관한 이야기부터 해보면 좋겠어요. 칼럼이 '우리가 어떻게 해왔는가'에 중점을 두고 쓴 글이라면 '말하기'(자기 몸의 역사 쓰기)는 본인이 자기 인생에서 중요하다고 생각하는 부분에 대해서 정리한 거잖아요. 각자 어떻게 그런 이야기들을 쓰게 되었는지 궁금합니다. 자신이 고른 주제를 보면 이야기를 쓴 이유와 연결할 수 있을 것 같아요.

박현희_ 전 병원과 집에서 변화한 내 몸에 적응하는 이야기를 주로 썼어요. 내 몸이 이전과는 완전히 달라진 것을 인식하는 게 중요한 과정이었거든요. 그래서 투병 생활을 넣었어요. 집으로 돌아와 제 몸에 적응하고 정을 붙이는 과정이 필요했어요. 제 몸의 기능에 적응하는 이야기, '이런 기능을 가지고 앞으로 어떻게 살아가야겠다'에 대한 이야기에요.

강다연_ 이 중에선 현희 씨가 유일한 중도장애인이잖아요.

김효진_ 병원 생활을 기점으로 이전과 이후가 확연히 달라져서 적응 기간을 중심으로 쓴 것 같네요.

강다연_ '말하기'에선 '몸의 죽음'에 대해 주로 썼어요. 아직 죽지 않았기 때문에 그 부분을 빼려고 했거든요. 경험하지 않은 것이라 상상일 수밖에 없으니 역사라고도 할 수 없잖아요. 하지만 분량도 고려하다 보니 다시 죽음과 연애를 골랐어요. 개인적인 이야기하는 걸 힘들어하는 편이라 글 쓰는 게 힘들었지만 죽음에 대해서는 말할 거리가 많았거든요. 아주 어릴 때부터 생각해왔던 주제니까. 하지만 쓰다 보니 나라는 개인과는 점점 상관없는 방향으로 나가는 것 같아 그 부분을 조절하는 것이 어려웠죠. 결혼을 해야 하는 나이니까 주위 사람들이 결혼하는 걸 보고 연애에 대해서도 생각할 수밖에 없는 상황이에요. 전 결혼의 압박에서 많이 벗어나 있다고 생각했는데 주위 사람들이 그냥 놔두질 않네요.

이호선_ 해선 씨는 여러 가지 글감을 골랐는데, 중점적으로 쓴 부분이 있다면 뭘까요?

최해선_ 최해선이란 사람이 어릴 때부터 지금까지 겪었던 일을 아무 생각 없이 썼어요. 가벼운 마음으로 썼는데 나중에서야 그것만으론 부족하다는 걸 깨달았어요.

이호선_ 몸을 통해 생각하는 것이 이번 작업의 핵심이니까요. 우리(장애여성)가 우리 몸을 간과한 채 이야기하지 않는 부분이 많거든요. 그래서 〈일다〉에 칼럼도 시작한 건데, 좋은 기회였던 것 같아요.

박희정_ 사회에서 장애인과 비장애인은 몸을 통해 구별이 이뤄지잖아요? 그런데 실제로 장애를 가진 사람들의 몸에 대해서는 별로 이야기하지 않거든요. 그래서 몸을 통해 장애에 대해서 다양한 이야기들을 들어보는 작업이 필요하겠다는 문제의식이 〈일다〉에 있었어요. 칼럼을 통해서 정말 다양한 많은 이야기들이 나왔고, 저도 칼럼을 읽으면서 '아, 이런 이야기도 있을 수 있구나' 생각하며 많이 배웠던 계기가 되었고요. 역으로 보면 비장애인 중심의 이 사회가 장애를 가진 사람들에 대해서, 장애 자체에 대해서 이해하려 하지 않았다는 걸 드러내줬다고 생각해요.

김효진_ 저는 원래 모든 글을 계몽적으로 쓰는 사람이거든요. 그런데 이번만큼은 아니었어요. 물론 힘든 것도 많이 드러나긴 했지만 그걸 일부러 보여주려는 목적은 전혀 없었고요. 그래서 오히려 이번 글을 쓸 수 있었던 것 같아요. 처음에 잡았던 주제와는 많이 달라졌는데, 처음 주제는 다분히 계몽적이었어요. 그전에 썼던 글들과 별로 다를 것도 없었어요. 그런데 정말 우연히도 어깨를 다친 거죠. 그때 깨달은 게, 과거에 내가 힘들어했던 것들, 예를 들어 비빔밥을 비비거나 차에 오르내리는 것, 운전 등이 내 몸의 한계 때문이 아니라 그저 귀찮아서 하고 싶지 않았다고 생각했다는 거였어요. 스스로를 관찰해보니 그동안 무리해서 한 거였더라고요. 나조차도 모르는 몸을 누가 알아주겠어요? 알게 되어서 너무 좋은 거, 그게 포커스였어요. 이런 변화가 글에 충분히 드러났는지는 모르겠네요.

이호선_ 지금 몸에 변화를 느끼고 있기 때문에 그 부분에 대해 많이 이야기한 건가요?

김효진_ 어깨를 다친 것이 제겐 굉장한 공포였어요. 통증도 있지만 이 어깨를 가지고 앞으로 20년 이상 살아야 되잖아요. 과연 어떻게 살아갈 수 있을까 생각하니 너무나 무서운 거죠. '이제까지도 힘들었는데 더 힘들어지겠구나', 앞이 안 보였어요. 하지만 바꿀 수 있는 것은 아니니까 그 자체로 받아들이고 살아갈 수밖에 없지 않을까 싶어요. 그건 체념하고는 달리 수용이라고 할까요? 그러면서 과거에 내가 그 당시 내 몸의 조건을 가지고 적응하면서 살았듯이, 이 몸의 조건으로 또 방법을 개발하면서 살아가야 하는구나, 하고 스스로 해명하게 됐어요. 그것이 이 글을 쓰면서, 몸 이야기를 통해서 내가 얻은 깨달음이에요.

강다연_ 예전에는 귀찮아서였는데, 지금은 나이가 들어서 못 하는 건 아니에요?

김효진_ 그것과는 조금 달라요. 사람은 노화되는 자신의 몸에 저절로 적응되지 않아요. 우리 엄마나 연세 드신 분을 보면, 당신 머리에서는 예전처럼 할 수 있을 것 같은데 실제로는 몸이 안 따라줘요. 나이를 인지하게 되는 과정이 오히려 거꾸로예요.

이호선_ 저도 제가 쇼핑을 싫어하는 줄 알았어요. 그러다 일본에서 전동휠체어 타고 백엔숍을 돌게 되었는데, 정말 좋은 거예요. 우리 몸의 제한을 생각하지 않으면 내가 못하는 것이나 싫어하는 것에 대해 그냥 내 성격이라 생각하고 그런가 보다 해요. 하나하나 너무 생각하고 살면 힘드니까. 그런데 조건에 맞는 걸 하다 보면, 욕망도 몸에서 나온다는 생각이 들어요. 효진 언니가 수용한 것처럼, 어느 정도는 불편을 무릅쓰고 하는 것도 있지만, 포기하고 사는 것도 많이 있어요.

강다연_ 장애로 인한 한계를 스스로도 인식하지 못할 수도 있잖아요?

김효진_ 자기 자신의 몸에 대해서 깊이 성찰하거나 그럴 만한 사회적 분위기도 아니고, 특히 장애를 가진 우리 몸에 대해서는 장애가 없는 몸과는 다르기 때문에 그냥 접어놓는 게 있는 것 같아요.

이호선_ 저는 효진 언니와 장애 유형이 비슷하잖아요. 그래서 겹치는 부분이 많으니까 고민스럽기도 한데, 저보다 한발 먼저 같은 길을 사는 사람을 보고 있다는 게 되게 위안이 돼요. (모두 웃음) 나는 어렸을 때 텔레비전에서든 실제로든 장애여성을 본 적이 없거든요.

김효진_ 그건 맞아요.

이호선_ 목발을 짚고 다니는 것에 대해 생각해봤는데, 스물일곱 살 이후의 내 모습을 상상하기 힘들었어요. 나이 들어서 목발 짚은 사람은 한 번도 본 적이 없으니까. 지금은 언니한테 주워들은 게 있어서 마음의 준비가 돼요.

박희정_ 몸의 힘듦에 대해 말씀하셨는데, 사회가 매 순간 장애인들이 몸의 힘듦과 불편함을 느낄 것이라고 가정하고 또 그렇게 느끼는 것을 너무 당연하게 여기잖아요. 저는 왜 그렇게 당연하게 여길까 싶어요. 그 불편을 조금은 완화해줄 수 있는 활동보조기구들이 가까운 일본만 해도 많이 개발되었잖아요. 그런데 한국은 그 부분에 대해 미약하고 관심을 갖지 않는 것 같아요. 특히 예를 들면, 휠체어나 목발 같은 것들은 몸의 연장인데 너무 인식이 없다 보니까 남의 보조기구에 쉽게 손을 대기도 하잖아요. 장애인이건 비장애인이건 내 몸에 누가 손을 대는 것은 굉장히 기분 나쁜 일인데, 그런 관점에서 보면 함부로 손댈 수 없다고 생각하거든요. 인식이 없으니까 너무 함부로 하는 측면이 있고요. 아까 노화에 대한 부분도 말씀하셨지만, 나이 든 장애인의 모습을 사회에서 보여주지 않기 때문에 장애인들 본인이 쉽게 상상하지 못하는 부분이 있어요. 노화도 적응을 향한 과정인데 장애인들이 느끼는 노화의 과정에 대해서도 더 알고 싶다는 생각을 하게 됐어요. 특히 장애여성들, 노화를 겪어가는 여성들에 대한 이야기를 더 할 필요가 있지 않을까 해요.

이호선_ 저는 '언제 쓰느냐'가 중요한 것 같아요. 언제 쓰느냐에 따라서 즐거운 기억을 많이 끄집어낼 수도 있고, 어떤 특정한 기억이 많이 날 수도 있고요. 저는 최근에 학교에 들어가게 됐어요. '새학기증후군'이라고 제가 이름 붙인 병이 있어요. 새 학교에 적응하는 과정에서 친구를 사귀려고 너무 긴장하는, 내가 내 몸이 어떤지를 주위에 확인시켜야 하는 너무 힘들었던 과정을 말하는 거예요. 그 감정 때문에 그 부분을 많이 강조해서 썼던 것 같아요. '몸은 기억한다'라는 말이 많이 와 닿는데, 새로 직장을 옮겨 갈 때가 되면 몸에서 반응이 와요. 그래서 심리적으로도 불안해지고……. 사람들은 단순히 내가 소심해서 그렇다고들 하고 저 역시 그렇게 생각했는데, 글로 정리하다 보니 '내가 그 과정을 겪으면서 느꼈던 힘든 기억이 몸에 남아 있구나'라는 걸 깨달았어요. 지금

은 그 시기를 돌아보며 마음의 정리가 많이 된 것 같아요. 다시 시작하면서 마냥 내 소심함만 탓하지는 않게 되었어요. 글 쓰는 기간이 딱 불안해지는 그 시기였거든요. 그래서 되게 좋았어요.

'말하기' 에서 연애와 결혼도 장애여성에겐 중요한 부분이라 썼어요. 사람들이 오해하는 부분을 조금 깨주고 싶은, 이걸 목적의식이라고 할 수 있는지는 모르겠지만 그런 욕구가 있었어요. 그동안 내가 너무 많이 들었던 질문이나 태도에서 다른 장애인들은 벗어났으면 좋겠다는 생각에, 다소 의도적으로 쓴 부분이 있는 것 같아요. 출산도 중요한데 이야기하자면 기니까. 분량이 관건이었던 것 같아요. 글을 쓰면서 아직도 내가 청소년 시기를 떠올리는 게 힘들구나, 그래도 예전보단 많이 나아졌구나, 이런 위안도 받으면서 그렇게 많이 힘들진 않게, 조금 즐겁게 썼던 것 같아요. 너무 힘들었으면 재미고 뭐고 없었을 텐데…….

때로는 즐겁게, 때로는 고통스럽게

이호선_ 자신의 몸 이야기를 쓰고 난 느낌, 아니면 쓰면서 느낀 점도 좋으니 자유롭게 이야기해보죠.

박현희_ 저는 쓰다 보니까 집에 돌아와 적응하면서 내가 생산성에 집중했다는 걸 깨달았어요. 계속 뭔가를 만들려 하고, 요리를 하고, 글을 쓰고, 계속해서 뭔가를 하려고 했어요. 내가 몸의 조건 때문에 할 수 없는 것들을 생산성으로 극복하려고 했다는 느낌을 받았죠. 그 점이 정리가 돼서 좋았어요. 생산성이 없는 몸이라는, '아무것도 못 하는 주제에'

소리를 들을까 봐서……. 그런 말을 입 밖으로 낸 적은 없지만 아버지가 날 비난하고, 할머니는 제게 "뭘 애써 그런 걸 해" 이렇게 말씀하시면 "아니야, 난 할 수 있어"라며 일부러 더 했어요. 나를 증명하기 위해 생산성을 하나의 도구로 삼았던 것 같아요. 그때 제 행동의 이유를 스스로 정리할 수 있었던 게 좋았어요.

이호선_ 다연 씨 같은 경우엔 몸의 고통스러운 기억을 끄집어내는 게 힘들었다는데, 그런 건 없었어요?

박현희_ 저는 병원 생활 중 겪은 몸의 고통 이야기는 이미 블로그에 한 번 정리했었기 때문에 이번엔 힘들지 않았어요.

이호선_ 글 쓰는 작업이 정말 도움이 되는구나. 해선 언니는 어땠어요?

최해선_ 저는 어릴 때 희한한 경험을 많이 했어요. 엄마랑 서울에 올라와 병원 다니던 때인데, 버스에 저를 태울 때 어떤 아저씨가 저를 받아 안은 후에 버스가 그냥 출발해버린 거예요. 엄마는 그 자리에서 발만 동동 구르고 있었는데, 그 아저씨가 저를 다시 데려왔대요. 조카들한테도 이런 이야기하면 아무도 안 믿어요. 이런 걸 추억할 때도 '재밌었어, 심심한 것보단 훨씬 낫지!' 라고 생각했어요. 정말 눈도 많이 맞으면서 학교 다녔어요. 시골이라 통학이 더 힘들었거든요. 그래도 당연히 가는 거라고 생각했어요. 눈 오고 추워도 좋았고, 비 맞고 다녀도 좋았고, 아이들하고 노는 것도 좋았고 다 좋은 것만 생각났어요. 반면에 그때 감정이 생각나면 힘들었어요. 좋아하는 사람 때문에……. 다 잊었는데 글 쓰면서 다시 생각나서…….

이호선_ 어떤 장애인들은 나이가 들어서 자기 이야기를 하면서 나도 어려웠지만 극복해서 이렇게 되었다, 생각해보면 그게 좋은 추억이었다고 말하거든요. 내가 지금 정리한 게 혹시 그렇게 될까 봐 두려운 거예요. 힘들다는 걸 극단적으로 표현하지 않으면 사람들이 모르잖아요. 하지만 내가 나름대로 힘들게 정리해서 내놓은 건데, 너무 비장해 보이는 것도 싫지만 너무 아무렇지도 않게 보일까 봐 그것도 걱정스러웠어요. 과거의 일을 쓰는 것이 참 어렵다는 걸 느꼈어요. 그래도 일단은 마음 편히 기억할 수 있다는 것에 대해, 어려운 것도 좋은 쪽으로 생각할 수 있다는 게……. 전엔 그게 잘 안 됐거든요. 그런 점이 좋았어요.

하지만 아이 키우는 이야기는 그 당시에 힘들었다고 이야기하는 자체가 힘들었어요. 지금 표현하려니 어떻게 표현하는 게 좋을지 모르겠고, 단순하게 썼는데 뭔가 찜찝하게 많이 남은 느낌이 있어요.

김효진_ 저도 비슷해요. 아까는 스스로 해명할 수 있어서 좋았던 점이라면 이번엔 찜찜한 점인데, 계속해서 제가 중증장애인이라는 걸 강조한 거잖아요. 의도한 건 아닌데, 저를 경증으로 보던 사람들이 '중증 맞네' 이렇게 느끼기보단 '꽤나 애써서 강변하고 있네', 그런 인상이 아닐까. 그 이상의 뭔가가 있는지는 모르겠지만, 여기서 멈춘 것이 굉장히 찜찜해요. 또 하나는, 남편이 나와 비슷한 장애임에도 불구하고 나를 이해하려고 하지 않는 것. 이건 남성 대 여성의 문제인데, 남편 역시 이 글을 볼 거란 말이죠? 그런데 보고 나서도 전혀 달라지지 않을 거란 생각이 들어서 더 우울해요. 사실 글에서 남편 욕을 많이 한 건데, 그럼 뭐하냐고. 분명히 읽고 나서 별 반응이 없을 텐데……. 그 간극을 메울 수 있는 건 뭘까? 글로는 한계가 있다는 걸 느껴요.

이호선_ 그래도 어쨌든 글을 쓰면서, '말하기' 외에 나름대로 어떻게 방안을 모색하고 살았는지를 적어놨기 때문에 덜 불안했어요. 현희도 병원 생활 이야기할 땐 전혀 힘들지 않았던 것처럼 가짜 교통사고 환자 이야기하듯 가볍게 말하는데 글로 보면 많이 아팠잖아요. 그래서 이 글을 처음 보는 사람들은 굉장한 일로 받아들일 게 걱정스러우면서도 '괜찮아, 뒤에 다른 글들이 있으니까' 하며 자위해요.

김효진_ 현희의 경우와는 조금 다르다고 생각해요. 현희의 경우는 사고 이후에 병원 생활을 오래 했고, 디테일 한 건 주위에서 잘 모르니까 그 글을 읽으면서 사람들이 '이 정도였어?' 라고 생각하게 될 거예요. 그런데 우리는 이 몸으로 지금까지 계속 살아왔거든요. 사람들이 이걸 중대하게 생각하진 않을 것 같아요. 그저 '여자들 특유의 소소한 이야기' 라고 받아들일 것 같아요. 여자들이 제기하는 문제들, 예를 들어 가사노동의 경우에도 '별것도 아닌 걸 가지고……' 이렇게들 받아들이잖아요. 그래서 글에서 제가 문제 제기한 부분들이 나에겐 일상을 지배하는 중대한 문제임에도 '어깨 조금 다쳤다고 그걸 가지고 저렇게 과장하면서, 마치 인생 전체가 바뀐 듯이 말하네' 하는 식으로 받아들일지도 모른다는 생각이 들었어요. 단지 중증이어서, 남성이어서 모르는 게 아니라요.

이호선_ 누군가는 너무 심각하게 받아들일까 봐 걱정이고, 누군가는 너무 아무렇지 않게 받아들일까 봐 걱정이군요.

김효진_ 현희의 경우는 누가 봐도 심각하잖아. 보통의 인간이 받아들일 수 있는 경지가 아닌 거예요.

이호선_ 그 부분이 〈병원 24시〉 같은 이미지처럼 보이지는 않았나요?

박현희_ 〈인간극장〉 느낌이 나면 안 되는데…….

최해선_ 〈인간극장〉 느낌이 뭐죠?

이호선_ 주인공이 불쌍한데, 보면서 '아, 나는 안 다쳐서 다행이다' 이렇게 생각하게 되는 거.

박희정_ 겪어본 것과는 상관없이 '아, 아프겠구나' 싶게 큰 사고가 있고, 반대로 겪어보지 않으면 그 고통을 모르고 그저 불편한 정도로만 보일 뿐인 미묘한 것도 있으니까요.

이호선_ 예전에는 목발을 짚으면, 교통사고가 나서 목발 짚어본 경험을 가진 사람이 말을 시켜요. '내가 다쳐봐서 아는데 너무 힘들더라' 그런데 저는 아프진 않거든요. 나와 다른 경험인데 자꾸 그렇게 말하면 (내 경험이) 공감이 안 될까 봐, 너무 다른 몸이라서 공감이 안 될까 봐 걱정이지요.

박희정_ 비장애인이 회사 생활할 때도 '저 어디가 아파요' 라고 말을 하면 받아들여지지 않을 때가 많잖아요. '누구 안 아픈 사람 있나? 투정 부리고 있어!' 이렇게요. 회사에서도 아프다고 말하기 그렇고, 또 말을 안 하면 주위에서 '그래도 참을 만한가 보구나' 라고들 생각하고요. 저는 잔병치레를 많이 해서 크고 작게 아플 때가 많았는데, 그럴 때 아프다고 하니까 '저번 주에도 아팠는데' 라는 반응이 돌아오더라고요. (모두 웃음) 참을성이 없다고……. 사람들은 타인의 고통을 짊어지고 싶어 하지 않죠. 상대방의 아픈 점을 아는 것 자체도 부담스러워해요. 누군가 힘들다고 하면 그 힘들다는 말에 자기 힘들었던 게 먼저 생각이 나는 게 사람이잖아요. 저 역시 사람이니까 그걸 알고 있고, 그래서 쉽게 이야기하지 못하는 거죠. 내가 이야기하면 저 사람도 부담스러워하지 않을까 생각하게 되고요. 장애인들은 특수한 상황에 있기 때문에 더욱 스트레스를 받을 것 같아요.

최해선_ 어릴 때부터 병 때문에 아팠지만, 이 병 외에도 아픈 데가 있잖아요? 생리통이 있다든지, 두통이 심하다든지, 감기 기운이 있다든지…… 그런 이야기는 못하는 것 같아요. 큰 병 때문에 식구들에게 어떤 방식으로든 폐를 끼치고 있으니까. 그 외에 자잘하게 아픈 건 내가 알아서 약을 먹거나 그냥 며칠 아프고 말거나, 어쨌든 이야기는 못했던 것 같아요.

이호선_ 직장에서 아픈 걸 말해도 허용이 되면 말을 할 수 있을 텐데 다들 너무 바쁘고, 그 사람이 없으면 당장 몇 사람이 그 사람의 몫을 나눠서 짊어져야 하니까 말하기가 어렵죠. 혼자 살아가기 힘든 세상이니까 더 그러는 게 아닌가 하는 생각도 들고요. 힘들면 자꾸 개그 프로그램 보고 싶잖아요. 잠깐이라도 잊고 웃기는 거 보고 싶고.

강다연_ 난 더 우울한 게 보고 싶던데.

박현희_ 난 현실 도피. 공포영화. 사람 찢고, 죽이고 그러는 거.

이호선_ 사람마다 다르구나. 사람들이 힘들 때 장애인이 많이 이용된다는 생각도 했어요. 힘들게 사는 장애인들의 모습을 미디어에서 보면서 "내가 아니어서 다행이다" 이렇게 말하는 사람들이 진짜 있거든요.

강다연_ 비장애인들끼리 "너보다 더 힘든 사람 많아"라고들 위로하는데, 그게 저(장애인)죠.

이호선_ 아무튼 우리의 찜찜함은 독자의 몫으로 넘겨야겠네요. 우리는 잘 표현하려고 노력했지만…….

최해선_ 세상의 어떤 명작도 모든 사람의 마음을 움직이지는 못한다고 하잖아요.

강다연_ 몸의 기능이 떨어지는 부분을 이야기하려니 의식적으로 무시하고 있었던 열등감도 같이 나오더라고요. 아까 현희 씨도 말했지만 몸의 기능으로 그 사람의 가치를 인정받기도 하거든요. "다연이 너는 못 걷지만 뭔가 다른 게 있을 거야"라고들 말해요. 근데 다른 거 없거든요. 그냥 똑같아요. 그런 걸 있는 그대로 쓰려니 자괴감이 느껴졌어요. 친구들과 만나서도 글을 쓰는 게 힘들다고 이야기하며 조언을 구했어요. 그러다 보니까 제 이야기를 하게 되는 거예요. 그런 변화가 생긴 것 같아요.

여전히 못다 한 이야기

이호선_ 과정은 다들 비슷한데 느낌들은 많이 달랐던 것 같네요. 마지막으로 글을 쓰고 나서, 미처 못다 한 이야기나 그 이유에 대해서 이야기해봐요. 글에서 하지 못한 이야기를 지금 구체적으로 할 순 없겠지만요.

김효진_ 저는 20대 때 이야기를 하면 힘들어요. 사실은 20대가 가장 치열하게 산 시기임에도 불구하고 일단 내가 너무 아프고, 두 번째로 그 이야기에 등장하는 인물들이 이 책을 볼 거라 생각해 쓰지 못했어요. 내가 아직 자기 정리가 되지 않은 상태에서 내 (관점이나) 상황 위주로 마구 질러댈 자신은 없거든요.

이호선_ 다연 씨는 전반적으로 할 이야기가 있어요? 뭔가 마음에 걸렸던.

강다연_ 계몽적인 글쓰기에 대해 말씀하셨는데, 이런 거 있잖아요. 다른 사람들이 보고 '장애여성들이 지금껏 이렇게 힘들게 학교생활을 해왔구나' 하고 깨달을 수 있을 만한 일화들이 있는데 못 쓰겠더라고요. 떠올리는 것 자체가 너무 힘들고 아팠어요. 제가 이야기를 끄집어내야만 '이런 행동이 장애여성들에겐 폭력이구나' 라는 걸 알릴 수 있을 텐데 그렇게 하는 게 제 자신에게 너무 아프고 힘들어서 못 했어요.

이호선_ 못 쓴 이야기가 진짜 중요한 이야기일 수도 있는데, 우리는.

강다연_ 알려야 될 필요성엔 공감하는데 어디까지 해야 할지 모르겠더라고요.

이호선_ 나나 효진 언니는 이런 이야기들을 글로 써본 경험이 있어서 반응이 어떨지도 조금 예상이 되고 '어디까진 해도 되겠다' 하는 마음의 준비도 되지만 다연 씨는 처음이니까. 어쨌든 역시 고통스러운 기억을 많이 못 쓰는 거군요. 현희는?

박현희_ 저는 그냥 다 말해요. 그게 편해요. 그러고 회피하는 스타일이에요. 근데 지난번에 다치기 전 이야기도 써보는 게 어떻겠느냐는 제안을 받았잖아요. 그런데 그때 이야기는 쓰기 싫었어요.

이호선_ 왜요?

박현희_ 그냥 먼 이야기라 생각하지 않는 거예요. 말할 수는 있는데 글은 남잖아요.

김효진_ 다치기 전을 동경하는 것처럼 보일까 봐요?

박현희_ 예, 그런 것도 있고. 다치기 전과 비교가 되잖아요. 그게 싫어서 안 쓰게 되더라고요.

이호선_ 중요한 부분이네. 중도장애인 이야기는 다들 얼마나 내가 잘 나갔나, 얼마나 내가 나락으로 떨어졌나, 그런데 어떻게 다시 성공했나, 그런 순서로 쓰는데. 우리가 암암리에 사람들이 원하는 방향으로 쓰지 않으려고 자꾸 노력을 했던 것 같아. 아무 생각 없이 쓴다 해도 어쩔 수 없이 사람들이 원하는 방향으로 쓰고 있을 때도 있어. 그렇지 않도록 노력을 할 필요가 있다고 생각해요. 그런 면에서 좋은 예인 것 같아. 생각도 못 했는데.

최해선_ 일부러 안 쓴 건 아니고, 다른 사람 글을 읽으면서 생각난 것들은 있어요. 예를 들어 화장실 이야기. 저는 아침에 나오면 밤에 집에 돌아갈 때까지 화장실을 안 가요. 초등학교 때부터 만들어진 습관이에요. 그땐 자동식이 아니었으니 못 갔던 거죠. 그 버릇을 몸에 익히기까지 너무 힘들었던 게 갑자기 생각이 났어요. 참다 보면 화장실 갈 생각이 안 나는데, 집이 딱 보이면 그때부터 급해지는 거예요. 사람들은 제가 엄청 참는 줄 아는데, 변의가 없다가 아파트가 보이면 그때부터 가고 싶어요.

이호선_ 그전엔 의식적으로 생각 안 하는 걸 수도 있어요.

최해선_ 훈련이 된 것 같아요.

이호선_ 저도 현희와 조금 비슷한 이야기인데, 고통스러워서 못 쓴 건 아니고 남편이 같은 판에 있기 때문에 인간관계가 걸려요. 그런 부분에서 자기 검열을 많이 했어요. 나중에 기회가 되면 결혼 생활과 관련된 이야기도 써보고 싶단 생각을 했어요. 섹스에 관한 것도 중요한데…….

언젠가 가명으로 써보고 싶어요.(웃음) 그래도 어쨌든 쓸 수 있는 분량이 너무 적으니까 어떤 걸 골라서 써야 할지 모르겠어요. 보여준 만큼만 내가 아닌데, 이것 말고 다른 걸 이야기해야 하지 않을까 고민도 하고. 문득문득 중요한 문제가 생각나기도 하고, 화장실처럼. 그런 걸 다 쓰진 못하고 선별해서 하는 게 내 시각에 갇히는 것 같아 마음에 걸렸어요. 아무튼 소재에서 못다 한 이야기가 많은 것 같아요. 그리고 관계에 대한 것. 이 정도가 다에요.

이렇게 이야기하고 나니 이야기하지 못한 부분에 더 중요한 것이 남아 있다는 생각이 드네요. 항상 그래서 아쉬움이 남지만 다 못한 이야기들은 또 쓸 기회가 있겠지요.